RAPPORT

DE

SON EXCELLENCE LE MINISTRE DES FINANCES

DE PORTUGAL

MONSIEUR MARIANNO CYRILLO DE CARVALHO

PRÉSENTÉ AUX CORTES

LE

13 AVRIL 1887

PARIS
IMPRIMERIE ET LIBRAIRIE CENTRALES DES CHEMINS DE FER
IMPRIMERIE CHAIX
SOCIÉTÉ ANONYME AU CAPITAL DE SIX MILLIONS
Rue Bergère, 20
1887

RAPPORT

DE

SON EXCELLENCE LE MINISTRE DES FINANCES

DE PORTUGAL

MONSIEUR MARIANNO CYRILLO DE CARVALHO

PRÉSENTÉ AUX CORTES

LE

13 AVRIL 1887

PARIS
IMPRIMERIE ET LIBRAIRIE CENTRALES DES CHEMINS DE FER
IMPRIMERIE CHAIX
SOCIÉTÉ ANONYME AU CAPITAL DE SIX MILLIONS
Rue Bergère, 20
1887

RAPPORT ET PROJETS DE LOIS

Présentés par le Ministre et Secrétaire d'État des Finances, à la Chambre des Députés pendant la session du 13 avril 1887.

MESSIEURS,

C'est sous l'influence du poids d'une énorme responsabilité que je viens, à la fin d'une année de gestion, soumettre au Parlement les menus détails de notre situation financière, — émettre des opinions, qui peuvent n'avoir que peu de valeur, si l'on ne tient compte que du savoir et de l'autorité de la personne qui les profère, mais qui doivent être inspirées par le sentiment du devoir, — et proposer, en dernier lieu, toutes les mesures que je considère comme nécessaires ou opportunes pour régler cette situation. Il n'y a pas de problème qui présente plus de difficultés aux nations modernes ; il n'y en a pas qui surexcite davantage l'opinion publique, parce que les budgets et les comptes de l'État reflètent les exigences croissantes du progrès, les variations de la politique et les courants opposés du système d'administration, tout en fournissant aux hommes d'État et aux diplomates, aux capitalistes et aux hommes d'affaires, les éléments les plus sûrs pour connaître la condition sociale, le pouvoir, le crédit, et les moyens de production et de consommation des nations. Le budget doit être élastique, afin de pouvoir s'adapter aux développements sociaux, et il doit être équilibré, de manière à ne pas excéder les ressources économiques du contribuable. Il doit être considérable, afin qu'on puisse répondre aux exigences de la civilisation et, cependant, il doit être restreint, parce qu'il impose des sacrifices au peuple. Lorsqu'on l'augmente sans calculer, il produit ces catastrophes financières dans lesquelles les nations périssent si souvent ou laissent porter de graves atteintes à leur honneur ; il ne faut pas qu'on le dininue, car cela serait contraire aux lois du progrès ; il ne faut pas non plus qu'il reste stationnaîre, parce qu'il représente tout ce qui a le plus de mobilité.

Or, il en résulte, comme les conditions de la question financière sont si variables et parfois si contradictoires, les difficultés si multiples et si ardues, que l'administration des affaires financières est confiée, chez chaque nation et dans toutes les circonstances, à des hommes qui se distinguent autant par leur grande expérience que par leur talent et leurs connaissances.

Cependant, notre pays fait en ce moment une si étrange exception à la règle, que le Ministre des Finances est contraint de demander toute la bienveillante indulgence des Cortes et l'appui de l'opinion publique, s'il ne veut succomber sous le poids de l'immense tâche qui lui a été confiée.

Et il faut ajouter à tout ce qui a été dit, une circonstance particulière à la condition dans laquelle se trouve le royaume aujourd'hui, condition qui est surtout de nature à aggraver et à compliquer le problème financier, c'est-à-dire que nous ne sommes pas encore arrivés à la phase politique dans laquelle la principale préoccupation du Ministre des Finances doit être de surveiller la répartition équitable des charges publiques et de pourvoir à tout ce qui est nécessaire aux conditions de prospérité du Trésor et au développement du bien-être du peuple, après avoir surmonté les terribles difficultés devant lesquelles toutes les considérations doivent disparaître, excepté la nécessité suprême d'assurer l'indépendance et le crédit de la nation. Au contraire, nous nous trouvons maintenant dans une période de transformation que nous pouvons appeler *violente*, période dans laquelle mille aspirations non satisfaites demandent et exigent presque les plus grandes dépenses. Il est vrai que nous avons vu les ressources du pays se développer, pendant les trente dernières années, avec une rapidité qui est de bon augure, et, heureusement, l'augmentation des recettes du Trésor ne fait l'objet d'aucun doute; mais un examen attentif des derniers rapports financiers montre clairement, au milieu de tant de symptômes de régénération économique, une telle persistance de l'augmentation des déficits, qu'en dix années le Trésor a été obligé d'emprunter 80,000:000$000 reis (1) en espèces sonnantes.

Ainsi, dequis le commencement de l'exercice de 1877-1878, de nouvelles charges pour la dette se sont accumulées en s'ajoutant aux anciennes, à tel point que le budget a à supporter une affreuse charge de près de 5,000:000$000 reis par an; et cette sévère leçon ne suffit pas, après tout, pour modérer notre rage de créer des dépenses pour des améliorations morales et matérielles.

Comme la mission naturelle du Ministre des finances est d'établir sur une base solide l'équilibre du budget, de manière à justifier la réputation dont nous jouissons sur les marchés étrangers, et même de lui donner un plus grand éclat par l'honnêteté la plus scrupuleuse, il arrivera qu'il sera souvent forcé, sous l'influence de la conviction que la solidité de notre crédit n'est pas seulement la principale garantie de la prospérité publique, mais aussi la défense certaine de l'indépendance et du prestige du royaume, de s'opposer à l'impétuosité irréfléchie qui sacrifierait la sécurité de l'avenir à la satisfaction de chaque nécessité présente.

Une pareille situation est généralement assez pleine d'embarras, mais nous les surmonterons par le patriotisme éclairé des corps législatifs et par leur compréhension élevée des affaires publiques.

Tout le monde, en étudiant, sait que la meilleure manière de résoudre un problème est de l'exposer clairement dans toute son étendue, sans cacher aucune de ses difficultés ou sans compliquer la partie fondamentale de la question par des accessoires étrangers à la question. J'ai même commencé de cette manière lorsque j'ai accepté le portefeuille des finances; je veux même continuer de cette manière en mettaut sous les yeux du Parlement le résultat de mes investigations, et en faisant appel à sa sagesse pour corriger les défauts et les erreurs qu'il trouvera dans les solutions que je vais proposer. Le Ministre des finances n'a pas, ne peut pas avoir et ne devrait

(1) 1 franc égale 180 reis.

pas avôir le vain désir d'avoir raison en tout temps et pour l'ensemble et pour les détails de ces mesures. Il doit se soumettre lorsqu'on lui donne de bonnes raisons et ne rester inébranlable que lorsqu'il cherche à exposer, à maintenir et à affermir l'équilibre entre le revenu et les dépenses du pays.

La question est donc de trouver, dans les conditions présentes de nos ressources nationales, les moyens les plus sûrs d'établir l'équilibre stable du budget.

Dans ce but, nous devons montrer la balance exacte jusqu'à ce jour, les dépenses doivent être définies et classées, et il faut que nous puissions nous faire une idée claire du rapport entre le revenu et les éléments imposables du pays.

Quant à la première question, je veux dire que nous devons liquider le passé et ne le laisser qu'à l'histoire, afin de pouvoir commencer en toute sécurité la vie nouvelle, que nous avons devant nous. Le budget corrigé pour cette année doit donc être un véritable travail de liquidation; ses charges, qui sont d'ailleurs inévitables, étant présentées comme inhérentes aux ressources de l'avenir.

Selon moi, les dépenses peuvent se classer en trois catégories principales.

La première comprend toutes les dépenses indispensables et permanentes du pays, représentant assez exactement le règlement de tous ses besoins ordinaires. Elles constituent le budget ordinaire des dépenses auxquelles il faut faire face avec les recettes qui sont assurées, et non pas avec de simples probabilités; nous devons les traiter de manière à toujours les balancer avec certitude.

La seconde catégorie comprend des dépenses transitoires, que nous pouvons considérer comme appartenant au capital ou à l'acquisition de biens. Pour celles-ci, il est permis d'avoir recours au crédit, en ayant soin, cependant, de mettre les charges en harmonie avec l'avancement des travaux et avec la capacité économique du pays. Si le patrimoine national diminue par ces emprunts, il augmentera encore éventuellement par les acquisitions qui ont été faites; le présent n'est qu'une préparation pour l'avenir et il en exige sa juste contribution aux charges de chaque grande entreprise. Mais nous devons éviter avec soin toutes les entreprises exagérées, qui sont si funestes aux finances de l'État et à ses diverses industries et que les Anglais appellent *over production*.

Enfin, la troisième catégorie comprend les dépenses accidentelles, étrangères à toute entreprise productive ; il y a souvent lieu de les faire, mais elles ne se présentent, tous les ans, ni aussi impérieusement ni dans les mêmes conditions. Dans une grande mesure, ces charges sont aussi inévitables que les dépenses ordinaires, parce que, tandis que les unes disparaissent, d'autres se présentent, et pour cette raison, et parce qu'elles n'ajoutent rien à la richesse du pays, il n'est pas permis, dans des circonstances normales, d'y faire face par des emprunts. Dans un système financier bien ordonné, il devrait y être pourvu par l'élasticité du budget ordinaire, après qu'on aura fait le calcul prudent de toutes les probabilités, qu'elles soient favorables ou non.

Après avoir estimé toutes les dépenses et y avoir pourvu avec économie, en suivant de bons conseils sur tous les points, considération aussi importante que l'économie elle-même, nous arrivons à la question des recettes, qui doivent être suffisantes pour les besoins absolus de la vie nationale, et scrupuleusement en rapport avec les ressources du pays.

Le taux par tête en Portugal n'est environ que de 6 $ 750 Reis, et il n'est pas décourageant lorsqu'on le compare avec ceux de France, d'Italie et d'Espagne ; mais en tenant aussi compte des impositions locales pour les districts, les conseils, les paroisses et les cures, le taux n'est pas beaucoup au-dessous de la limite fixée pour un état de choses qui permette de grandes dépenses. Dans ces dernières années, nous avons voté librement des impôts, de manière à pourvoir aux besoins du Trésor ; mais nous sommes arrivés maintenant à une période de repos relatif, et je considère que nous devrions nous appliquer à une meilleure fiscalité et à une meilleure méthode de perception.

Ce sont là les termes du problème dont vous devez trouver la solution. Mais avant de passer au développement nécessaire de chaque point, il semble qu'il conviendrait, pour ne pas interrompre l'enchaînement des idées, d'expliquer et de justifier, par une esquisse rapide, les principales opérations du Ministère des Finances pendant l'année qui vient de s'écouler.

Principales opérations du Ministère des Finances.
Emprunt de 10,800:000$000 Reis.

Lors de la clôture de la législature de l'année dernière, le Gouvernement espérait, bien qu'il eût connaissance des charges qui pesaient sur le Trésor pour les dépenses ordinaires aussi bien que pour les dépenses extraordinaires, qu'il pourrait arriver à la fin de l'année sans avoir recours au crédit. Mais les graves difficultés qui assombrirent bientôt après l'horizon politique de l'Europe, et qui ont si souvent fait naître de sérieuses inquiétudes, — heureusement dissipées par les résultats, — ont montré l'inconvénient de maintenir la dette flottante à un chiffre excessivement élevé. En conséquence, comme les cotes fermes des fonds portugais ont montré que nous pouvions faire encore une fois appel avec confiance aux grands marché d'argent du monde, le Gouvernement a résolu de contracter, conformément aux lois en vigueur alors, un emprunt de 10,800:000$000 Reis, en obligations remboursables à 5 pour cent.

On a conseillé de choisir ce taux, afin qu'il n'y eût pas une grande différence entre la valeur nominale de l'emprunt et le montant réel réalisé, aussi bien qu'en considération des cotes favorables que des obligations semblables avaient atteintes pour des emprunts préalables sur le marché de Paris et par suite des renseignements que nous avions sur l'accueil qui serait fait sur les marchés allemands.

Sans provoquer des offres qui auraient pu nous créer des difficultés, le Gouvernement a fait savoir à différents banquiers quelles étaient ses intentions, et il en est résulté qu'il lui a été fait des offres (jointes aux présents documents), qui ont toutes été ouvertes au Conseil des ministres du 26 juillet au soir.

La première proposition de M. Charles Renkart comprenait une annuité de 6 $\frac{1}{4}$ pour cent d'intérêt et remboursement en soixante-quinze ans (les banquiers étant libres de fixer l'intérêt des obligations à quatre ou à cinq pour cent), et il demandait pour les charges de l'emprunt, une garantie spéciale des recettes des chemins de fer du Sud et du Sud-Est. Cette proposition, portant la date du 24 juillet, était pour un emprunt de de soixante à soixante-quinze millions de francs, à rembourser par des ventes successives d'obligations cinq pour cent, remboursables dans une période qui ne devait pas dépasser soixante-quinze ans.

L'offre de Stern frères, de Londres, a été reçue le soir même du 26 juillet, lorsque le ministère s'est réuni pour décider la question. Ils proposaient de prendre *ferme* de 100,000 à 120,000 obligations de 90$000 Reis chacune, portant intérêt à cinq pour cent; le rachat devant être fait en cinquante ans, et les coupons devant être payables le 1er octobre suivant. et ils s'engageaient à payer lesdites obligations à 85.625 ou $85 \frac{5}{8}$ pour cent, c'est-à-dire au prix de 77$062.5 Reis pour chacune. Les versements partiels seraient 4,950 : 000$000 Reis le 29 septembre, et le reste le 29 décembre; le Trésor s'engageant à payer l'intérêt au taux de six pour cent par an sur toutes les avances que les contractants pourraient juger convenable de faire.

L'offre du Comptoir d'Escompte, qui a aussi été présentée de bonne heure dans la soirée du 26 juillet par la maison Burnay et Cie, était de prendre l'emprunt ferme en obligations de 90$000 Reis, avec intérêts à cinq pour cent, remboursable en cinquante ou soixante-quinze ans à la volonté du Gouvernement, le Comptoir s'engageant à payer 422 fr. 50 pour chaque obligation remboursable en cinquante ans, et 412 fr. 50 remboursable en soixante-quinze ans. Le premier coupon était payable le 1er avril, et par conséquent le prix offert serait considéré comme valeur reçue le 1er octobre 1886 sans intérêt. le Trésor devant payer cependant une Commission de $\frac{1}{4}$ pour cent sur le montant nominal de l'emprunt.

L'offre d'Euphrussi et Cie, comme représentants d'un syndicat français, datée Paris, 20 juillet, était de prendre une moitié de l'emprunt *ferme*, et l'autre moitié facultativement dans les six mois, au prix de 426 fr. 30 pour des obligations de 90$000 Reis, à 5 pour cent d'intérêts, remboursables en quarante ans, les coupons étant payables le 1er octobre suivant. Le montant de l'emprunt devant être payé au gouvernement le 29 septembre. Mais un télégramme de Paris du 25 juillet, modifia ces conditions sur deux points, savoir : 1° le rachat devait se faire en soixante-quinze ans, 2° le produit de l'emprunt devait être payé immédiatement.

En comparant les deux dernières offres, nous voyons que dans la proposition du Comptoir d'Escompte, le prix était 412 fr. 50 pour des obligations remboursables en soixante-quinze ans, ce prix étant en outre grevé d'une commission de $\frac{1}{4}$ pour cent sur le montant nominal de l'emprunt, et que dans celle d'Euphrassi le prix était 426 fr. 30 et, en déduisant le coupon 417 fr. 95 ou un bénéfice de 6 fr. 70 par obligation. Cette différence sur le total des 143,558 obligations qui auraient été émises sur la proposition d'Euphrussi, aurait constitué pour le Trésor un bénéfice de 961,838 fr. 60 ou 173 : 130$948 Reis en comptant le franc à 180 Reis chacun. Mais la proposition Euphrussi présentait le désavantage de ne pas prendre l'emprunt ferme.

L'offre de Stern frères était manifestement inférieure, et celle de Renkart était encore plus défavorable.

Le Cabinet résolut donc, à l'unanimité, de demander au Comptoir d'Escompte, dans la matinée du 27 juillet, s'il était disposé à augmenter la valeur offerte pour chaque obligation ; également de demander à Euphrussi et Cie s'ils voulaient s'engager à prendre l'emprunt complet, *ferme*. La réponse d'Euphrussi était affirmative et celle du Comptoir d'Escompte était réellement négative. Le Gouvernement prit donc la résolution d'accepter la proposition du premier et de signer le contrat, qu'on trouvera dans les documents annexés. Cette opération était évidemment avantageuse, soit que nous la comparions aux précédentes, soit que nous ne considérions que les cotes des Consolidés portugais sur le marché de Londres. Quant au premier point, nous avons la preuve par le tableau qui est joint à ce rapport. Quant au second point, il suffira de rappeler que comme la cote du 3 0/0 portugais du 26 juillet était 49 $\frac{3}{4}$, le prix réel était 49 $\frac{1}{2}$, ce qui correspond à l'intérêt de 6.066 pour cent environ, tandis que l'intérêt réel sur le prêt s'est trouvé être 6.064 pour cent. Le prix du traité était inférieur à celui de tout autre de nos emprunts étrangers et nous avons vu, pour la première fois, un de ces emprunts supporter des charges moins onéreuses que celles que les cotes de nos fonds à Londres auraient rendues nécessaires autrement.

L'émission de l'emprunt sur les marchés français et allemands, le 22 septembre 1886, eut un résultat brillant, car la souscription a été couverte près de sept fois ; et nous devons mentionner tout spécialement l'excellente réception faite sur le grand marché d'Allemagne au premier emprunt portugais qui y ait jamais été fait. Par les résultats de cet emprunt de 1886, notre crédit s'est affermi et étendu d'une manière extraordinaire.

Conversion d'obligations appartenant à la CAISSE GÉNÉRALE DES DÉPOTS.

En 1881, le Gouvernement a décidé que les obligations six pour cent des chemins de fer du Minho et du Douro et des nouveaux navires de guerre seraient converties en obligations de cinq pour cent. Cette opération s'est effectuée aux termes des traités du 24 septembre, du 2 novembre et du 17 décembre de cette année-là. Aux termes du premier, le Trésor a alloué 204,288 cinq pour cent, obligations de 80$000 Reis, avec 1 $\frac{1}{4}$ pour cent pour commission et courtage; aux termes du second, 30,497 obligations de 80$050 Reis, avec 1 $\frac{1}{8}$ pour cent pour commission et courtage; aux termes du troisième, 24,672 obligations de 80$500 Reis, avec 1 $\frac{1}{8}$ pour cent pour commission et courtage. Ces conditions montrent, sans tenir compte des autres dépenses, que le prix de la première émission était 78$875 Reis, celui de la seconde 79$038 Reis, et celui de la troisième 79$488 Reis.

Les hommes au pouvoir à cette époque jugèrent qu'il était convenable que la *Caisse Générale des Dépôts* prît part à l'opération, en convertissant le six pour cent obligations qu'elle possédait, en 1,138 nouvelles obligations à cinq pour cent et en souscrivant pour 10,000 autres des mêmes obligations. Mais la *Caisse*, au lieu de recevoir directement ses 11,138 obligations au prix de 78$875 Reis, prix auquel le gouvernement les vendit, les obtint indirectement de contractants pour la conversion à 83$000 Reis chacune, ce qui donna auxdits contractants un bénéfice de 45:944$250 Reis.

Le fait est que, pendant que la *Caisse Générale des Dépôts* tenait 11,110 obligations de cette émission, il arriva, au mois de mars de l'année dernière, que la cote de cinq pour cent, obligations à Paris, comparée à celle de notre Trois pour cent à Londres, offrait un grand bénéfice à toute personne vendant ces obligations et achetant du Trois pour cent.

Le directeur général de la Trésorerie fut donc consulté sur la question, et son opinion se trouve parmi les documents ci-joints. Conformément à son avis, et après une correspondance qui se trouve parmi ces documents, la dépêche du 26 juin portait que les obligations nominatives appartenant à la *Caisse* seraient échangées contre des obligations au porteur, lorsque l'attention dudit directeur général fut attirée sur le paraphe des nouvelles obligations et qu'il remarqua qu'elles portaient le fac-similé de la signature de M. Antonio Maria de Fontes Pereira de Mello, qui était ministre des Finances lors de la première émission. Ceci provenait du fait que le fac-similé de l'illustre homme d'État était gravé sur la plaque dont on se servait pour imprimer les obligations, et si l'on y avait substitué un autre, on courait le risque de voir les nouvelles obligations refusées sur le marché de Paris, les signatures ministérielles étant différentes de celles des anciennes obligations. Le fait est qu'en 1881, des obligations pour l'emprunt de £ 8,700,000 avaient été émises portant la signature de M. Henrique de Barros Gomes, qui n'était plus Ministre des Finances. et, en ce moment, l'agence financière à Londres émet des obligations Trois pour cent, portant le fac-similé des signatures de la reine D. Maria II, de Fontes Pereira de Mello, et du comte Lavradio, qui est mort depuis longtemps. Il s'est donc élevé des doutes sur la légalité de l'emploi, en 1886, pour cette transformation d'obligations nominatives en obligations au porteur, du fac-similé d'un homme qui n'était plus ministre des Finances. L'émission des obligations fut donc suspendue et, par ordre du Gouvernement, le procureur général de la Couronne et des Finances fut consulté sur la question. Son opinion, datée du 6 septembre, est également jointe aux documents annexés aux présentes.

Néanmoins l'occasion était perdue pour faire l'opération, et les obligations furent déposées à la Trésorerie du ministère des Finances, en attendant d'autres décisions. Celles-ci se trouvent exprimées dans le projet de loi que j'ai l'honneur de proposer et que je vais justifier bientôt.

Mais l'opération projetée eut des conséquences qui furent profitables à la *Caisse Générale des Dépôts* et au Trésor.

Le fait est qu'il fallait, pour que le résultat fût ce qu'on désirait, laisser l'achat du Trois pour cent à Londres précéder la vente du Cinq pour cent à Paris.

En conséquence, à la suite d'une entente entre le Gouvernement et la Junta de Crédit Public, la Banque de Portugal fut chargée, d'acheter, petit à petit, du Trois pour cent sur le marché de Londres, mais avec assez de prudence pour ne pas faire monter la cote. De cette manière, la Banque a acheté, entre le 30 juin et le 27 juillet, £ 132,000 stock nominatif pour la somme de £ 65,565 12. s. 6. d. Le mois d'août suivant, lorsque la *Caisse générale des Dépôts* avait besoin de £ 80,000 stock nominatif Trois pour cent pour placement de capital et lorsque le Trésor avait à sa disposition les titres qu'il avait achetés pour l'opération projetée, la Junta de Crédit Public demanda que les £ 80,000 pussent lui être vendues au prix de 50 pour cent. Le Gouvernement consentit, et de cette manière, la *Caisse générale des Dépôts* se procura les titres à 50 pour cent, lorsque la cote à Londres était de 51 $^{3}/_{8}$ à 51 $^{1}/_{2}$, c'est-à-dire avec un profit de £ 1,100 ou 4:950$000 Reis.

Enfin, avec le solde de £ 52,000, le gouvernement résolut de les vendre par la Banque de Portugal, qui réalisa 51.368 pour cent pour £ 26,711.7 sh. 3 d. ou un bénéfice pour le Trésor de £ 1,145.14 sh. 9 d., ou 5:155$825 Reis.

Le bénéfice total pour l'État, résultant de la différence des cotes, s'élevait donc à 10:105$825 Reis, lesquels, après déduction de 1:249$690 Reis pour commission, courtage et télégrammes, laissaient une somme nette de 8:855$135 Reis, ou un gain, en un peu plus d'un mois et demi, de trois pour cent sur le capital employé.

Les doutes qui ont surgi dans le cours de cette opération nous ont donné une leçon que nous ne devons pas dédaigner, parce qu'elle montre les mauvaises mesures adoptées pour une partie importante de notre Dette nationale.

Le règlement général de la Comptabilité publique admet des conversions réciproques entre les titres nominatifs de la Dette consolidée et les titres au porteur émis par la Junta du Crédit Public car dans la pratique, on remplace un titre par un autre d'égale valeur en annulant et en détruisant le titre remis, et en donnant au nouveau titre la même date que celle de la conversion, ainsi qu'un numéro immédiatement supérieur à celui de la dernière émission. Cette manière de procéder ne présente aucun inconvénient, tant que les titres sont destinés à ne circuler que sur les marchés portugais, parce que les règlements de la Bourse de Lisbonne et d'Oporto ne s'opposent pas à ce qu'ils soient cotés. Mais il n'en est pas de même des émissions destinées à l'étranger, parce que les différentes Bourses y inscrivent les dates des obligations, leurs numéros fixes, leurs timbres et leurs paraphes et qu'elles n'admettent pas sans difficultés les obligations qu'on leur offre avec des dates ou des numéros différents et avec d'autres timbres et d'autres paraphes. Il en résulte ce fait étrange que, jusqu'à ce jour, le gouvernement portugais a mis en circulation à Londres des obligations qui portent le fac-similé des signatures de D. Maria II, et celui de Fontes Pereira de Mello qui sont morts tous les deux, et même la signature du comte Lavradio, qui est aussi mort. Si elles n'étaient pas rédigées de cette manière, des obligations qui seraient parfaitement valables autrement, seraient refusées à la cote officielle, ce qui constituerait, un préjudice sérieux au crédit public aussi bien qu'aux détenteurs.

Il vaut donc mieux que les émissions de Consolidés portugais soient toujours en titres au porteur, portant le sceau des ministres alors en fonction et la date de l'émission totale, et que, dans le cas où l'on convertirait ces titres en titres nominatifs, ces derniers aient le caractère légal de certificats de titres au porteur dans la caisse du Trésor; alors les premiers n'auront pas besoin d'être rayés ou détruits, et ils pourront rester déposés avec les précautions requises.

Les stipulations de l'article 129 du réglement de comptabilité publique et celles que j'ai formulées, s'étendant aux obligations remboursables, tous ces doutes disparaîtront, toutes les difficultés seront aplanies et cette affaire importante sera arrangée conformément aux règles et à la pratique des marchés étrangers.

Ventes aux enchères de Bons du Trésor.

Il était d'usage que le gouvernement négociât directement les montants nécessaires de la portion intérieure de la Dette flottante, et qu'il fît les conditions pour les intérêts et pour le temps, en fixant un taux d'intérêt pour des sommes à recevoir au-dessus d'un minimum déterminé, ou en acceptant des emprunts avancés par des banquiers, emprunts sur lesquels une commission ou un courtage était alloué. La haute position que notre crédit public avait atteinte, et la condition prospère de nos marchés engagèrent le gouvernement à décréter le 12 août 1886 que, dorénavant, des ventes de Bons du Trésor de la portion intérieure de la Dette flottante se feraient aux enchères sous la surveillance du directeur général de la Trésorerie. Cette décision a produit d'excellents résultats; elle a consolidé le crédit de l'État et réduit les charges sur toutes les avances faites par la Dette flottante.

La première eut lieu au mois d'août 1886, le montant étant de 2,300:000$000 Reis. Les offres s'élevaient à 5,976:500$000 Reis, et les frais moyens s'élevaient à 4.31 pour cent, lorsque le taux de l'escompte était 3 1/2 pour cent à la Banque d'Angleterre, 3 pour cent à la Banque de France, et 5 pour cent à la Banque de Portugal.

La seconde vente était de 4,500:000$000 Reis de Bons du Trésor, et les offres s'élevèrent à 11,887:500$000 Reis, et la moyenne de l'intérêt 4.02 pour cent. A cette époque (décembre 1886), le taux de l'escompte était 4, 3 et 5 pour cent, respectivement à Londres, à Paris et à Lisbonne.

Enfin, à la troisième vente aux enchères de 6,200:000$000 Reis de Bons du Trésor, les offres s'élevèrent à 10,454:100$000, le taux moyen de l'intérêt accepté étant de 4 pour cent. Le taux de l'escompte était alors 4, 3 et 5 pour cent à Londres, à Paris et à Lisbonne.

Il y a lieu de faire encore d'autres modifications avantageuses dans l'intérêt du public, et il est bon de faire remarquer que, d'après les états qui se trouvent dans les bureaux de la *Conta geral* de l'Administration financière, la portion intérieure de la Dette flottante de l'année 1885-1886, depuis le mois de juillet jusqu'au mois de février inclusivement, a coûté :

En juillet, 5 pour cent;
En août, 5 pour cent;
En septembre, 5 pour cent;
En octobre, 5 et 5 1/2 6, pour cent;
En novembre, 5 1/2 pour cent;
En décembre, 5 1/2, 6 et 6 1/2 pour cent;
En janvier, 6 et 6 1/2 pour cent;
En février, 6 et 6 1/2 pour cent.

Quant à la portion étrangère de la Dette flottante, les frais moyens durant l'année financière se sont élevés à 7.07 pour cent, sans compter les différences produites par le change.

Il est donc évident que le Trésor a réalisé une économie considérable par l'introduction du système sanctionné par le décret du 12 août 1886.

Exportation libre d'argent monnayé.

Par la loi du 15 mai 1884, le Gouvernement a été autorisé à décréter l'exportation libre de l'or monnayé. Cependant, quelque fâcheux que pût être pour l'État et pour les particuliers l'inconvénient causé par l'interdiction de cette exportation, ce n'est certainement que depuis le décret du 24 mars 1886 que la loi en question a été bien mise en viguer, le Gouvernement ayant alors à sa disposition les moyens de faire face à toute crise qui eût pu se produire et que beaucoup de personnes redoutaient. Heureusement il n'en est résulté aucun désordre, et le Trésor et le monde commercial ont senti immédiatement les effets salutaires de ces nouvelles mesures.

Le taux du change à Londres était 52 $\frac{5}{8}$, avant la publication du décret du 24 mars. Sans aucune oscillation, il s'éleva bientôt à 53 $\frac{3}{16}$. Les résultats pour l'État sont évidents. Pour l'année 1886-1887, les frais pour la Dette extérieure, remboursable ou non, s'élèvent à £ 1,820,115, et, en plus, les autres paiements faits hors du pays pour compte du Gouvernement sont calculés pour la moyenne de deux années à £ 221,950. La différence entre les taux du change à 52 $\frac{5}{8}$ et 53 $\frac{3}{16}$ donne un bénéfice de 48.2 Reis par livre sterling, de sorte que l'économie du pays, sur tous les paiements ainsi faits, s'élève à 98:861$330 Reis. Après avoir déduit le produit du droit d'exportation, qui, pour une moyenne de onze années, produisit 9:281$980 Reis, il reste encore un bénéfice de 89:579$380 Reis.

Quant au gain réalisé par les particuliers, les directeurs de la Banque de Portugal disent ce qui suit :

« La loi qui abolit les droits d'exportation sur l'argent mon-
» nayé, promulguée par la législature en 1884, n'a été mise en
» vigueur qu'au commencement de 1886, lorsqu'un certain con-
» cours de circonstances fit juger au Gouvernement que l'occa-
» sion était favorable pour rendre cette loi effective. Cette me-
» sure, dont l'initiave fut prise par les directeurs de la Banque
» dans un mémoire adressé au Gouvernement, le 25 janvier 1884,
» ne pouvait être mise en vigueur que lorsqu'aucun trouble
» ou aucun embarras ne pourrait affecter le mouvement du
» change dans tout le pays, et comme l'occasion se présenta,
» heureusement, au commencement de l'année 1886, S. Exc. le
» Conseiller Marianno Cyrillo de Carvalho, aujourd'hui Ministre
» des Finances, s'en prévalut pour mettre la loi en vigueur, en
» vertu des pouvoirs que lui avait conférés la législature.

» L'abolition des droits d'exportation sur la monnaie d'or
» était une mesure d'intérêt public, qui exerce maintenant une
» influence salutaire sur notre circulation. Un élément de trouble
» dans la circulation de l'argent est un facteur important dans
» l'estimation des valeurs internationales du change, leur aboli-
» tion représente une avance économique dans la conduite de

» nos transactions monétaires et un bénéfice certain pour le
» public, par l'influence favorable qu'elle exerce sur la circula-
» tion. S'il n'y avait pas d'autres raisons pour justifier la me-
» sure, il suffirait qu'elle ait facilité parmi nous l'emploi de
» capitaux étrangers à des taux d'intérêt plus favorables, pour
» nous faire considérer la mesure comme étant indubitablement
» avantageuse et utile.

» Le maintien de ce droit irrégulier ne peut être justifié d'au-
» cune manière, de quelque point de vue que nous le considé-
» rions. Dans l'état de dépendance dans lequel nous nous
» trouvons relativement à l'importation des matières d'or et
» d'argent de l'étranger, par suite de notre propre système
» monétaire, conseillé par les considérations les plus élevées
» de l'intérêt public à développer le change international et à
» en faciliter le progrès libre ; et, outre toutes ces raisons, voyant
» qu'aucun avantage ne se produisait au point de vue fiscal
» et combien le montant produit par la taxe était insignifiant,
» l'existence d'un droit de cette espèce semblait être contraire à
» tout principe d'économie bien entendu, en agissant comme
» un élément perturbateur du capital, dont la circulation n'est
» efficace et assurée que quand elle est débarrassée des en-
» traves et des obstacles qui empêchent son action.

» Si l'abolition du droit d'exportation n'avait pas déjà été
» mise à exécution, il est facile d'estimer les sacrifices que la
» Banque eût eu à faire en 1886 par l'importation extraordinaire
» de matières d'or et d'argent à cette époque, la simple diffé-
» rence en change sur les achats qui se firent après l'abolition
» de la taxe représentant une somme de 82 : 000 $ 000 Reis,
» environ. Il suffit de mentionner ce fait pour se faire une idée
» des bénéfices directs de la Banque depuis la promulgation et
» l'application de la loi, et pour justifier l'initiative que la
» Banque a prise en demandant instamment l'abolition d'une
» contribution si irrégulière. »

Puis le Conseil fiscal ajoute ce qui suit :

« Le Conseil fiscal ne peut que se féliciter des avantages que
» le commerce tire de la mesure prise par le Gouvernement
» de Sa Majesté, qui a si bien saisi l'occasion de mettre en

» vigueur la loi qui abolit les droits d'exportation sur la mon-
» naie d'or, et particulièrement de l'initiative prise par notre
» Banque en demandant l'urgence de l'exécution d'une mesure
» d'un intérêt public supérieur, dans le mémoire qu'elle a
» adressé au Gouvernement, mémoire auquel le rapport se
» réfère et qui sera trouvé imprimé dans le compte rendu de
» l'année 1883; également des avantages qui en sont résultés
» pour la Banque, durant l'année dernière, comme on peut le
» voir par le grand article dont il est fait mention dans le
» rapport. »

Peu de temps après la publication du décret du 24 mars, c'est-à-dire en avril, la Banque de Portugal a baissé le taux d'escompte à 5 % en offrant ainsi un soulagement incalculable au commerce et à l'industrie.

Quelques mois auparavant, la difficulté de faire escompter était très grande, et même les maisons les plus importantes durent payer très cher le capital dont elles avaient besoin pour leurs transactions commerciales. Actuellement, par les opérations du Gouvernement et de la Municipalité de Lisbonne, par l'énorme exportation de vin destiné à la France et par l'amélioration relative du change sur le Brésil, l'état des choses s'est tellement amélioré sur nos marchés, que nous voyons les banques elles-mêmes lutter ardemment pour escompter les bons effets. Cette abondance de capital, fonctionnant dans l'organisme social tout entier, est certainement une des causes de la grande augmentation qu'on remarque dans le revenu des douanes.

Révision des Cotes foncières en Portugal.

Cette opération a été complétée dans les districts d'Angra, de Beja, d'Evora, de Faro, d'Horta, de Ponta Delgada et de Portalegre, et elle se fait, en ce moment, dans ceux d'Aveiro, de Braga, de Bragança, de Castello Branco, de Coimbra, de Guarda, de Leira, de Lisbonne, d'Oporto, de Santarem, de Vianna, de Villa-Real, de Vizeu et de Funchal. Son importance est manifeste, car une augmentation considérable des revenus publics et une répartition plus équitable des impôts en dépendent. Il convient donc de donner ici un aperçu rapide de l'état dans lequel se trouve cette révision aujourd'hui. Elle a été retardée beaucoup plus qu'on ne s'y attendait, pour différentes raisons dont la principale est le manque de personnel.

District d'Aveiro. — L'inspection directe commença en septembre dans la commune d'Albergaria, par suite de la dépêche du 3 février 1886; celle d'Estarreja, en juillet; celle d'Ilhavo, en septembre. Elles sont sur le point de commencer dans d'autres communes.

Le district compte 180 paroisses. On n'a pas commencé dans 167; on a commencé dans 13, dont une est complétée. Dans cette dernière, les articles compris dans le tarif se sont élevés de 4,890 à 6,520, et le total des impositions, de 15 : 199 $ 765 Reis à 29 : 841 $ 180 Reis.

District de Braga. — Révision ordonnée le 18 mars 1886, commencée en juillet dans celle de Barcellos et dans celle de Braga; en août, dans celle d'Espozende; en novembre, dans celle de Guimarães et, en juillet, dans celle de Villa Nova de Famalicão. Sur les 519 paroisses dans le district, elle doit commencer dans les 475; elle a commencé dans 44, et elle a été complétée dans 21 de ces dernières. Comme les rapports ne nous sont pas parvenus, nous ne connaissons pas encore les relevés.

District de Bragança. — Les ordres pour commencer la révision ont été donnés au mois de février 1884; elle a commencé le mois de septembre suivant, dans la commune de Bragança, ainsi que dans celle d'Alfandega da Fé, de Macedo de Cavalleiros, de Miranda, de Mirandella, de Mogadouro, de Villa Flor, de Vimioso et de Vinhaes ; elle n'est pas encore commencée dans celle de Carrazeda, de Freixo d'Espada à Cinta et de Moncorvo.

Sur les 306 paroisses dans le district, elle doit commencer dans 92, et elle a commencé dans 214; elle est complète dans 184. Dans 98 paroisses, où les résultats sont connus, le nombre des objets imposables s'est élevé de 123,330 à 394,531, et le total des revenus sujets à l'impôt, de 283:878$ 269 Reis à 370:261$903 reis.

District de Castello Branco. — La révision de ce district a aussi été ordonnée le 18 mars 1886; elle a commencé en juillet dans la Commune de Castello Branco, ainsi que dans celle d'Idanha à Nova, de San Vicente da Beira et de Villa Velha de Rodam. Élle a commencée à Belmonte, à Certã, à Covilhã, à Fundão, à Oleiros, à Penamacor, à Proença a Nova, et à Villa de Rei. Sur les 146 paroisses dans le district, elle doit commencer dans 107; elle a commencé dans 39, et elle est complète dans 2. Dans ces deux paroisses, le nombre des articles s'est élevé de 1,410 à 2,504 et le revenu imposable de 1:827$018 Reis à 3:079$200 Reis.

District de Coimbra. — La révision ordonnée le 9 février 1884 a commencé au mois de septembre suivant dans la Commune de Montemor Catanhede et dans celle de Coimbra ; elle a aussi commencé dans les Communes de Condeixa, de Figueira da Foz, de Goes, de Louzã, de Miranda, de Pampilhosa, de Penacova, de Penella, de Poiares, de Soure et d'Arganil. Elle doit commencer à Oliveira do Hospital et à Tabua. Sur les 187 paroisses du district, elle n'a pas encore été commencée dans 44 et elle l'est dans 143, dans 97 desquelles elle est maintenant complète. Les articles se sont élevés, dans 86 de ces paroisses, d'après les relevés, de 234,919 à 327,543; et le revenu imposable. de 670:137$420 Reis à 1,186:931$223.

District de Guarda. — La révision ordonnée au mois de février de l'année dernière a commencé en juillet dans la Commune de Gouveia, ainsi que dans celles de Guarda, de Meda, de Sabugal et de Trancoso. Elle doit commencer dans celles d'Aguiar da Beira, d'Almeida, de Ceia, de Celorico, de Figueira de Castello Rodrigo, de Formos de Algodres, de Manteigas, de Pinhel et de Villa Nova de Foscôa. Sur les 103 paroisses dans le district, elle n'a pas commencé dans 26, mais elle a été commencée dans 77, dans 44 desquelles elle est complète. Nous n'en avons encore pas les relevés.

District de Leiria. — La révision ordonnée en février 1884 a été commencée dans les Communes d'Alcobaça, de Batalha, de Figueiró, Obidos, de Pedrogão et de Peniche, en 1885; dans celle de Leiria Pombal, et de Porto de Moz en 1884; et dans les autres Communes en 1886. Sur les 117 paroisses du district, elle a commencé dans 92, dans 58 desquelles elle est complète, et elle doit commencer dans 24. Ses relevés ne sont pas encore connus.

District de Lisbonne. — La révision a éte ordonnée en septembre 1881, excepté dans les vieux quartiers de la ville. Elle est complète dans les Communes d'Alcochete, d'Aldeia, Gallega, d'Almada, de Barreiro, de Belem (vieux district), de Cezimbra, de Grandola, de Moita, de Seixal, de Setubal, d'Alcacer, d'Arruda, de Cascaes, de Lourinhã, de Mafra, d'Olivaes (ancienne Commune), de San Thiago do Cacem et de Villa Franca de Xira. On la commence dans celles d'Alemquer, de Cadaval, de Torres Vedras (excepté dans la paroisse de San Mamede' da Ventosa), de Cintra et d'Azambuja; l'inspection devait être recommencée à Oeiras et dans la paroisse de San Mamede da Ventosa dans la Commune de Torres Vedras. Nous pouvons donc dire que sur les 217 paroisses du district, la révision a commencé dans toutes, et qu'elle est terminée dans 211. Le résultat de la révision dans ces communes, excepté pour les vieux quartiers de Lisbonne, est l'élévation du total des revenus imposables de 2,261:707$432 à 2,905:067$063 Reis.

District d'Oporto. — Le commencement de la révision a été ordonné en février 1886; elle a été faite dans les Communes de Baião, de Bouças, de Gaia, de Gondomar, de Maia, de Marco de Canavezes, de Penafiel, de Santo Thyrso et de Vallongo. Non encore commencée à Amarante, Felgueiras, Lousada, Paços de Ferreira, Paredes, Povoa de Varzim et Villa do Conde. Sur les 367 paroisses du district, elle doit commencer dans 324 et elle a commencé dans 43, dans 8 desquelles elle est achevée. Les résultats ne sont pas encore connus.

District de Santarem. — Il a été ordonné de commencer l'inspection en décembre 1882; elle a été faite dans toutes les Communes; on a trouvé nécessaire de faire une nouvelle inspection dans les 16 paroisses d'Abrantes, dans 1 d'Almeirim et dans 2 de Salvaterra. Les relevés de 120 paroisses montrent que les articles se sont élevés de 255,257 à 356,388, et les revenus totaux de 1,313:876$179 à 1,950:972$047 Reis.

District de Vianna do Castello. — Le décret d'inspection est de février 1886; elle a été commencée dans toutes les Communes. Sur 290 paroisses dans le district, elle n'était pas commencée dans 209 et elle l'était dans 81, dans 31 desquelles elle était complète. Les résultats donnés sur 11 paroisses montrent 9,767 articles contre 7,008, et les revenus 51:817$637 Reis contre 25:526$487 Reis.

District de Villa Real. — Ordonnée au commencement de février 1884, la révision a été faite dans les Communes de Alijó, de Boticas, de Chaves, de Mondin, de Basto, de Murça, de Regua, de Sabrosa, de Santa Martha, de Penaguião. de Valle Passos, de Villa Pouca, de Aguair et de Villa Real. Elle a aussi été commencée dans celles de Montalegre et de Ribeira de Pena. Non commencée dans 148 des 256 paroisses que comprend le district, la révision l'est dans 108, sur lesquelles il y en a 63 où elle est achevée. Dans 30 paroisses, dont les résultats sont connus, le revenu s'élève de 82:768$201 à 116:985$679 Reis; et le nombre des articles de 35,160 à 54,778.

District de Vizeu. — L'ordre de commencer la révision a été donné en février 1884. Il a été lancé dans toutes les Communes, sauf dans celles de Castro Daire, de Fraguas, de Moimenta, d'Oliveira de Frodes, de Penalva de Castello, de Penedono, de Rezende, de Sinfaes et de Tondella. La révision n'a pas encore été commencée dans 207 des 365 paroisses du district, mais elle l'est dans 158, pour 76 desquelles elle est terminée. Les résultats de 36 paroisses, dont nous avons les relevés font voir que le nombre des articles s'est élevé de 48,904 à 75,672, et le revenu de 199:561$136 à 214:229$440 Reis.

District de Funchal. — L'inspection à été ordonnée en février 1884 et elle est achevée dans les 52 paroisses du district, sauf dans 4. Dans les 48 paroisses, les résultats sont que le nombre des articles s'est élevé de 175,566 à 251,297 et le revenu de 564:825$615 à 717:739$343 Reis.

En faisant le total des 14 districts, nous arrivons aux résultats suivants :

Paroisses dans lesquelles l'inspection n'est pas commencée	2.074
Paroisses dans lesquelles l'inspection est commencée	1.251
Paroisses dans lesquelles l'inspection est finie	804
Paroisses dont les relevés sont rentrés	481
Augmentation du nombre d'articles dans ces dernières	596.547

Augmentation des revenus dans les mêmes :

Reis. . . 1, 968:796$184.

Le nombre total des paroisses du royaume est de 3,971, de sorte que le nombre des paroisses dans lesquelles le travail d'inspection directe n'est pas commencé, est encore très considérable, si l'on se souvient qu'à l'époque où fut publiée la loi du 17 mai 1880, la révision était déjà terminée dans les districts de Beja, de Evora et de Faro, qui comptent 275 paroisses.

Les états complets des paroisses dans lesquelles l'évaluation a été faite, avant la révision donnaient . . Reis. 3,913:817$298

Les dites paroisses donnent :

après la révision. . Reis. 5,922:613$484

Augmentation . . . . Reis. 1,968:796$634

En admettant que les résultats donnés par les 2,844 paroisses dans lesquelles la révision n'est pas commencée ou n'est pas achevée, offrent les mêmes proportions, nous pouvons espérer une augmentation de revenu montant à. . . . . Reis. 11,657:238$112

Et les revenus des paroisses déjà révisées, s'élevant à . . . . Reis.	29,659:046$529
Nous arrivons, pour tout le royaume, à une somme totale de matière imposable de Reis.	41,316:284$681

De sorte que si la loi de 1880 est convenablement appliquée, nous aurons 4,131:000$000 pour le produit annuel de l'impôt sur la propriété, et comme le produit s'élève actuellement à 3,107:000$000 Reis, nous aurons augmenté les recettes jusqu'à concurrence d'une somme de 1,024:000$000 Reis.

L'augmentation des recettes commencera au cours de l'année prochaine, car les résultats de la révision indiquent jusqu'ici un revenu total de 31,627:842$713 Reis et dès que cette somme sera complètement atteinte, la situation de nos finances sera consolidée, des améliorations matérielles seront complétées ; divers impôts, tels que les droits d'enregistrement et ceux d'importation, seront diminués, ainsi que l'accise levée sur les objets d'alimentation, qui sont de première nécessité.

Réformes diverses.

Outre divers décrets, dont l'objet est d'améliorer les finances publiques, tant au Ministère des Fnances que dans les districts et les *concelhos*, et une meilleure réglementation dans la mode de perception des douanes et des affaires contentieuses du fisc, on peut attendre des résultats financiers importants des décrets du 26 juillet, par lesquels il a été créé une Caisse de retraite pour les employés civils et une Caisse de réforme pour les employés qui reçoivent un salaire modique, ainsi que du décret du 17 juin, qui ordonnait l'examen et l'invalidation de documents de perception (bulletins de taxe), qui sont en ce moment dans les bureaux des Receveurs des Communes.

Les sommes versées à la Caisse des retraites dans les huit mois qui ont fini en février atteignent 21:907$807 Reis, sur lesquels 965$797 ont été remboursés. En supposant que ces sorties soient même quadruplées par le règlement de réclamations pendantes, nous pouvons estimer les recettes nettes d'un semestre à 18:000$000 Reis. soit 36:000$000 Reis par an. Les pensions accordées pendant les huit derniers mois, s'élèvent à 22:184$952 Reis et pourront monter, pour le reste de l'année, à 9:600$000 Reis de plus. Les quotités remboursées sont de 3:863$188 Reis, et les frais d'administration de 750$000 Reis, de sorte qu'en ce qui touche les quotités, il y a un léger déficit dans la caisse; cependant, avec le versement de 35:335$500 Reis, elle doit, en mettant les choses au pire, atteindre, en fin d'année, une balance de 35:845$167 Reis.

Les promotions d'employés, les nominations nouvelles et l'augmentation des appointements par suite des causes diverses, augmentent rapidement le revenu de la Caisse. Nous pouvons donc présumer que la subvention du Trésor de 8:500$000 Reis sera plus que suffisante pour l'année prochaine.

La retenue faite actuellement sur les appointements des employés est un peu élevée, parce que nous ne sommes pas en mesure de fixer exactement l'âge et le temps de service pour chacun des cas. Toutefois, les résultats que nous avons obtenus nous conduisent à penser qu'il sera très prochainement possible de diminuer le taux actuel des retenues sans aucune perte pour le Trésor.

La Caisse de retraites a déjà atteint un état de perfection et le versement de 3:500$000 est suffisamment élevé pour l'année prochaine

En vertu de conventions avec la Banque de Portugal pour le service des pensions d'inactivité, toutes les vacances qui pourront se produire parmi les classes en retraite, ainsi que parmi les pensionnaires, dans plusieurs départements, sont mises à profit pour la réduction des très lourdes charges qui pèsent sur le Trésor. Il est donc nécessaire de donner aux départements de la Guerre, de la Marine et des Finances les moyens d'opérer des réformes dans l'armée, dans la marine et dans la Police du Fisc, ainsi que pour les pensions de toute sorte. A cet effet, nous avons préparé le Bill actuellement proposé, dont les chiffres ont été estimés d'après la moyenne des dernières années, en ce qui touche les départements de la Guerre et de la Marine et par un calcul approximatif pour ce qui a trait au Ministère des Finances.

A l'égard du décret du 17 juin, d'après les renseignements fournis par les Inspecteurs des Finances des Districts, le résultat est le suivant :

Aveiro. — Le travail sera fini le 30 juin.

Beja. — Les Commissions fonctionnent actuellement, et nous pensons que le travail sera fini le 30 avril,

Braga. — Des bulletins de taxe ont été annulés pour une somme de 9:310$660 Reis, et le travail se continue activement.

Bragança. — Le travail sera terminé avant la fin d'avril.

Castello Branco. — Les Commissions sont installées.

Coimbra. — Des bulletins de taxe ont été invalidés pour une somme de 16:479$279 Reis, et le travail se continue.

Evora. — Le travail est achevé en partie, mais il y a encore trois Commissions à installer.

Faro. — Des bulletins de taxe ont été invalidés pour une somme de 291$614 Reis, et le travail continue.

Guarda. — Le travail est fini en grande partie et en hâte pour ce qui reste.

Leiria. — Une partie du travail est finie, le reste le sera bientôt.

Lisbonne. — Toutes les Commissions sont à l'œuvre, 7,044 bulletins de taxe d'une valeur de 13:872$121 Reis ont été invalidés.

Portalegre. — Tout ce qui reste à faire, c'est d'installer la Commission à Elvas et à Aviz.

Oporto. — Travail presque achevé, mais six Communes sont en retard.

Santarem. — Il a été invalidé des bulletins de taxe pour une somme de 40:599$341 Reis, nous n'attendons plus que les nouvelles d'Abrantes et de Chamusca.

Vianna do Castello. — Dans quelques-unes des Communes, le travail est retardé par l'incompétence des employés des Finances.

Villa Real. — Il ne reste plus que deux Commissions à installer.

Vizeu. — Le travail, achevé dans 15 Communes, et il est presque terminé dans les autres.

D'après le Compte Général de l'Administration des finances, il existait au 30 juin 1886, entre les mains des percepteurs, des bulletins de taxes échues ou non encore échues et demeurées impayées, pour tous les exercices, s'élevant à la somme énorme de 9,665:343$830 Reis, sur lesquels 609:875$344 Reis, dont le recouvrement devait être poursuivi par les moyens légaux ; 5,826:759$374 Reis dont le recouvrement devait être effectué par le département, et 3,228:709$112 Reis restant jacents. On suppose que, sur cette somme, 5,265:618$952 Reis sont irrécouvrables, de sorte qu'il reste une somme de 4,399:124$578 Reis, qui sera probablement recouvrée. Dans la ville de Lisbonne, la valeur totale des bulletins de taxe qui sont encore dehors était de 5,175:941$355 Reis sur lesquels on pensait que 3,681:043$692 Reis ne seraient probablement pas recouvrés.

En supposant que tous les bulletins désignés comme non recouvrables n'aient aucune valeur quelconque, il faudra débarrasser les bureaux de perception de ces papiers inutiles; les mesures fiscales seront simplifiées et nous trouverons plus de facilités à presser le recouvrement des taxes comprises dans les bulletins qui sont retenus comme valides. Aussitôt que le travail actuel sera terminé, le Gouvernement fera le nécessaire pour faire rentrer les sommes dues et nous comptons, par conséquent, sur une importante augmentation des revenus publics.

Situation financière.

Compte de l'exercice 1884-1885. La clôture de l'exercice 1884-1885 et le compte provisoire de celui qui finit au 31 décembre 1886, joints aux faits qui sont sous nos yeux et à l'état de l'administration *(gerencia)* pour 1886-87, nous mettent à même de faire une estimation correcte de la situation du Trésor, telle qu'elle résulte des moyens d'investigation dont nous pouvons nous prévaloir si nous devons régler notre administration financière sur ses exigences urgentes.

Les résultats de cet *exercice* sont comme suit :

La loi du 17 juin 1885, qui modifie le budget de 1884-1885, donne les estimations suivantes pour les recettes et les dépenses :

	ORDINAIRES		EXTRAORDINAIRES	TOTALES
	—		—	—
Recettes....	31,728:892$000		8,266:528$921	39,995:420$921
Dépenses...	33,039:034$202		6,956:386$819	39,995:420$921
Déficit....	1,310:142$202	Excédant...	1,310:142$819	

Les résultats de l'*exercice* étaient comme on le voit par les comptes, d'accord avec les dispositions de la loi :

	ORDINAIRES		EXTRAORDINAIRES	TOTALES
	—		—	—
Recettes....	31,113:990$378		8,544:542$430	39,554:532$808
Dépenses...	33,284:495$140		6,270:037$668	39,554:532$808
Déficit....	2,170:504$762	Excédant..	2,170:504$762	

Dans les chiffres, les recettes ordinaires indiquent un excès d'estimation de 614:901$622 Reis. De plus, il est dit dans le budget que pour les recettes extraordinaires, 327:167$813 Reis ne seraient pas prélevés sur les emprunts ; comme les résultats donnent à peine 202:582$649 Reis, ces dernières sont de 124:585$164 Reis au-dessous de l'estimation. Mais, si nous faisons la comparaison, nous voyons que si les dépenses ordinaires étaient de 245:460$938 Reis plus élevées que l'estimation, les dépenses extraordinaires se sont trouvées moindres de 686:349$051. Cette réduction nette de 440:888$113 Reis dans les dépenses fait descendre la différence des recettes à 739:486$786 Reis. En déduisant les recettes extraordinaires (qui ne proviennent pas d'emprunts), du total du déficit ordinaire, nous avions avec les dépenses extraordinaires un déficit de 8,237:959$781 Reis, pour lequel il a été nécessaire d'avoir recours au crédit.

Comparaison entre les exercices pour 1883-1884 et pour 1884-1885.

Les résultats de l'*Exercice*, pour 1883-1884, étaient :

	ORDINAIRES		EXTRAORDINAIRES	TOTALES
	—		—	—
Recettes....	29,788:695$287		6,478:868$615	36,267:563$992
Dépenses...	31,703:017$473		4,564:546$429	36,267:563$902
Déficit....	1,914:322$186	Excédant...	1,914:322$:186	

Dans ce budget, les recettes extraordinaires non produites par les emprunts montent seulement à 53:965$956 Reis, de sorte que la différence comblée par le crédit est de 6,424:902$659 Reis.

On pourra voir, en comparant les deux années, que le déficit entre les recettes et les dépenses est accru de 1,813:037$122 Reis. La raison en est que tandis que, les recettes augmentent de 1,473:811$784 Reis, la dépense s'élève de 3,286:969$006 Reis, sur lesquels le budget ordinaire prend 1,581:577$667 Reis et le budget extraordinaire 1,705:491$239 Reis.

Compte provisoire pour l'exercice 1885-1886. — Les comptes définitifs de l'exercice 1885-1886 ne sont pas encore complètement arrêtés, mais les résultats approximatifs sont :

	ORDINAIRES		EXTRAORDINAIRES	TOTALES
Recettes....	31,867:830$406		9,872:787$264	41,740:617$670
Dépenses...	34,571:948$665		7,168:669$005	41,740:617$670
Déficit....	2,704:118$259	Excédant...	2,704:118$259	

Dans ce compte, les recettes extraordinaires non fournies par emprunts figurent pour 135:896$558 Reis, de sorte que le déficit qui doit être comblé par le crédit s'élève à 9,736:890$705 Reis. Entre l'année précédente et celle-ci, le déficit s'est élevé de 8,237:959$781 Reis à 9,736:890$704, soit une augmentation de 1,498:930$924 Reis, parce que, si les recettes ordinaires augmentent de 753:840$028 Reis, les recettes extraordinaires autres que les emprunts diminuent de 66,686$090 Reis. Les dépenses ordinaires augmentent de 1,287:453$525 Reis et les dépenses extraordinaires de 898:631$337. Les différences qui pourront se montrer dans les comptes lorsqu'ils seront définitivement arrêtés n'amèneront aucune modification importante dans les chiffres.

Résultat probable de l'Exercice 1886-1887. — En ce qui touche l'exercice courant, nos estimations ne peuvent être que des conjectures, tant parce qu'il reste encore neuf mois à courir jusqu'à la fin de l'année, que parce que les comptes des mois précédents ne sont pas encore définitivement arrêtés. On peut regarder cet *exercice* comme le bilan définitif du passé, si nous devons entrer avec sécurité dans une nouvelle voie. Tels sont les résultats si nous considérons les faits qui sont sous nos yeux.

Pendant les premiers six mois, les recettes ont été :

	ORDINAIRES	EXTRAORDINAIRES
Continent, jusqu'en décembre.	13,687:995$034	116:138$079
Agence et îles jusqu'en octobre	371:508$818	1:050$000
Novembre et décembre (approximation)	164:256$531	325$000
	14,223:760$383	117:513$079

Et les dépenses :

	ORDINAIRES	EXTRAORDINAIRES
Continent, par les départements jusqu'en décembre.	7,571:785$642	2,181:480$740
Junta du Crédit Public pour le département jusqu'en décembre	1,477:207$709	—
Caisse des Dépôts pour le département jusqu'en décembre.	19:780$149	—
Agence et îles pour le département jusqu'en octobre.	644:581$532	162:013$009
Novembre et décembre (approximation)	298:740$672	61:791$690
	10,012:095$704	2,405:285$439
EXCÉDANT.	4,211:664$679	—
DÉFICIT.		2,287:772$360
SOLDE..	1,923:892$360	

En supposant, comme nous savons que cela arrive, que les recettes soient de 24,5 pour cent plus élevées pendant les derniers six mois de l'année que pendant les six premiers, nous aurons :

	ORDINAIRES	EXTRAORDINAIRES
Recettes du premier semestre	14,224:000$000	117:500$000
Recettes du deuxième semestre . . .	17,636:008$000	2:000$000
Recettes du troisième semestre (complémentaire).	1,214:000$000	—
Intérêt des titres appartenant à l'État; différence existant entre les recettes, telles qu'elles sont supputées ci-dessus et le montant annuel de cet intérêt . .	1,126:000$000	—
	34,200:000$000	119:500$000

Dépenses :

Dépenses départementales et générales, paiements de cinq mois.	8,515:000$000	2,405:000$000
Pour le reste de l'année et complément	11,898:000$000 (a)	5,725:000$000
	20,413:000$000	—
Junta du Crédit Public.	14,900:000$000	—
	35,313:000$000	8,130:000$000
Augmentation de dépense pour nouveaux services	500:000$000	—
	36,813:000$000	8,130:000$000
DÉFICIT.	1,613:000$000	8,010:500$000
	9,623:500$000	

Les rectifications que nous imposent les chiffres bruts, rendent le recours au crédit moins urgent de très peu pour cette année, que pour le dernier *exercice* et nous voyons qu'en dépit d'une augmentation de recettes considérables, la situation est assez difficile pour causer de l'anxiété aussi bien au Parlement qu'au Gouvernement.

Comparaison des huit derniers Exercices. — Si nous comparons tous les *exercices* depuis 1877-1878 jusqu'à 1884-1885 inclusivement, ainsi que les résultats provisoires pour 1885 1886 nous arrivons aux chiffres suivants :

	RECETTES ORDINAIRES	RECETTES EXTRAORDINAIRES EN DEHORS DES EMPRUNTS	PROVENANT D'EMPRUNTS
	—	—	—
1877-1878	25,528:536$310	—	8,804:457$328
1878-1879	27,607:417$573	6:817$506	6,783:365$324
1879-1880	23,887:659$226	11:027$491	10,146:578$103
1880-1881	25,997:223$479	58:221$742	8,359:628$729
1881-1882	28,585:655$336	6:572$412	6,876:428$765
1882-1883	28,126:549$763	2,933:320$832	2,496:357$694
1883-1884	29,788:695$287	53:965$956	6,424:902$659
1884-1885	31,113:993$378	202:582$649	8,237:959$781
1885-1886(a)	31,867:830$406	135:896$559	9,736:890$705

(a) Ceci suppose que tous les paiements sont faits pour les chemins de fer du Douro et des Algarves, ainsi que pour les dépenses extraordinaires pour l'armée, la marine, les colonies et la commission d'agriculture.

(a) Les chiffres ne sont qu'approximatifs pour cette année.

Ces chiffres auraient dû subir de grandes corrections si l'objet de ce rapport était d'augmenter ou de diminuer la responsabilité politique. Mais bien qu'ils ne soient, comme il le sont, qu'une indication du progrès financier du pays, nous ne devons pas omettre d'y introduire un facteur important sans lequel l'analyse induirait en erreur. Je veux dire que, dans l'exercice 1882-1883, on a compris dans les recettes extraordinaires autres que les emprunts, une somme de 2,532:481$820 Reis désignée comme *profits sur conversion*, qui est en réalité un recours au crédit, mais assez habilement ménagée pour diminuer l'importance des emprunts.

Cette correction faite, on verra que nous profitons dans cet *exercice*, d'une somme de 5,028:839$514 Reis, qui ne vient pas de nos recettes ordinaires.

L'état ainsi modifié fait voir que les efforts de mes illustres prédécesseurs ont toujours été dirigés sur l'augmentation des recettes du Trésor; mais en dépit de leurs patriotiques efforts, nous n'avons pas évité, pendant les huit années dont les comptes viennent d'être apurés, la nécessité d'ouvrir des emprunts pour la somme de 60,662:160$103 Reis, soit une moyenne de 7,582:770$013 par an.

L'explication de ce fait désagréable est facile à trouver si nous suivons le cours de nos dépenses publiques pendant ce temps, soit :

	DÉPENSES ORDINAIRES.	DÉPENSES EXTRAORDINAIRES.	TOTAL.
1877-1878	27,367:033$959	6,965:959$679	34,332:993$638
1878-1879	28,492:087$283	5,905:513$020	34,397:600$303
1879-1880	29,803:910$748	4,241:354$072	34,045:264$820
1880-1881	29,879:904$362	4,535:169$588	34,415:073$950
1881-1882	31,457:065$596	4,011:590$917	35,468:656$513
1882-1883	30,714:641$958	2,841:586$331	33,556:228$289
1883-1884	31,703:017$473	4,564:546$429	36,267:563$902
1884-1885	33,284:495$140	6,270:037$668	39,554:532$808
1885-1886 (1)	34,571:948$665	7,168:669$005	41,740:617$670

L'examen de ce tableau et la comparaison avec le précédent conduisent aux conclusions suivantes :

(1) Ces chiffres sont approximatifs.

1° Que tandis que le recours aux emprunts forme un total de 60,662:160$103 Reis, et que les dépenses dites extraordinaires donnent 39,335:757$704 Reis, le déficit que nous appelons *ordinaire* a été, pour toute la période, de 21,326:402$399 Reis, ce qui donne une moyenne annuelle de 2,665:800$299 Reis.

2° Que le déficit ordinaire n'a pas subi beaucoup de diminution, puisqu'il a été successivement, pendant les huit années, de ; 1,838:000$000; 878:000$000; 5,905:000$000 ; 3,824:000$000; 2,865:000$000; 2,187:000$000; 1,863:000$000; 1,968:000$000 Reis, en chiffres ronds, ce qui donne une moyenne annuelle de 3,111:000$000 pour les quatre premières années et de 2,221:000$000 pour les quatre dernières. C'est, toutefois, 2,704:000$000 Reis pour *l'exercice* 1885-1886.

3° Que si les recettes augmentent de 5,788:000$000 Reis entre la première et la dernière des huit années, les dépenses dites ordinaires augmentent de 5,917:000$000 Reis, engloutissant l'augmentation produite par les impôts et l'accroissement spontané de nos recettes.

4° Que, quelles que puissent être les conditions du budget ordinaire, nous ne pouvons pas compter que la situation financière soit sans danger tant que le budget extraordinaire nous oblige à une dépense qui ne s'élève pas à moins de 4,016:000$000, en moyenne, par an.

Et, à propos de cette dernière conclusion, nous devons faire remarquer que si la division du budget en ordinaire et en extraordinaire a été jugée utile pour distinguer des dépenses qui représentent les charges courantes de l'État, celles qui mènent à des améliorations importantes, des dépenses productives, suivant l'expression vulgaire, cette division n'a réellement aucun avantage financier quel qu'il soit, car les dépenses de ce genre se perpétuent dans les budgets et les comptes publics, en grevant nos finances d'un fardeau aussi constant que les dépenses qui figurent au budget ordinaire. On a besoin du crédit pour les unes comme pour les autres, et les charges acceptées pour toutes également se révèlent dans l'augmentation toujours croissante de notre dette publique.

De plus, plusieurs de ces dépenses sont d'un caractère si permanent, que c'est seulement par un euphémisme financier que nous les appelons *extraordinaires*, car, à dire vrai, elles sont simplement *ordinaires*. La persistance à séparer ces dépenses dans un budget spécial n'offre pas d'avantages financiers, elle créé seulement une illusion qu'il nous faut payer chèrement. Il n'y a rien de plus nuisible à notre administration financière.

Par conséquent, si nous voulons nous faire une idée nette de notre position financière, pendant la période de notre analyse, nous devons prendre les sommes suivantes (en *contos* de *Reis*) dans le bilan des dépenses extraordinaires et les ajouter à celui des dépenses ordinaires.

	1877-78	1878-79	1879-80	1880-81	1881-82	1882-83	1883-84	1884-85
Routes de 1re et de 2e cl.	847	1.023	753	696	852	884	797	645
Routes municipales . .	488	1.148	372	275	304	282	310	270
Ports et rivières. . . .	186	259	203	196	304	292	272	236
Docks à Polau, Delgada et Horta.	147	213	150	152	167	194	155	156
	1.668	2.643	1.478	1.322	1.627	1.652	1.534	1.307

Cette correction faite, nos déficits ordinaires seraient :

	CONTOS.
1877-78	3,506
1878-79.	3,521
1879-80.	7,383
1880-81.	5,146
1881-82.	4,492
1882-83.	3,839
1883-84.	3,397
1884-85.	3,275

Après une telle correction, qui est certainement légitime, le progrès de nos affaires financières prend un aspect plus favorable, car, de cette manière, le déficit moyen des quatre premières années est de 4,889 *Contos*, tandis que dans les quatre dernières, il tombe à 3,751 *Contos*, la diminution continuant par le fait au cours de chaque année. D'un autre côté, la dépense extraordinaire de toute la période se réduit à 26,105 *Contos*, et si nous én déduisons quelques-unes qui ne peuvent pas reparaître et qui s'élèvent à 12,150 *contos*, nous pourrons tirer cette leçon, par l'examen de ces huit années, que nous devons compter, dans tous nos calculs financiers, sur une dépense extraordinaire de 1,750 *Contos* que les difficultés de l'administration coloniale et d'autres exigences peuvent élever à 2,000 *Contos* et même davantage.

On peut objecter à cette méthode de combiner les chiffres, que si nous réduisons le budget extraordinaire à des limites ordinaires, les moyens de poursuivre les améliorations publiques ne se présenteront pas. Il est aisé de répondre à cette objection, car d'après le système que nous proposons, la construction des routes passe au budget ordinaire; celle des chemins de fer, à moins qu'il ne se produise un grand changement dans notre situation financière, doit être assurée par des garanties fixes, dont les frais doivent aussi être portés au budget ordinaire, et le budget prévoit déjà pour les ports et les rivières, des sommes qui seront augmentées autant que les circonstances le permettront. Le budget extraordinaire n'aura alors à pourvoir en outre des déficits coloniaux, qu'aux travaux des ports de Leixoës, Lisbonne, Funchal, Horta et Ponta Delgada ainsi qu'aux dépenses occasionnées par des événements imprévus qu'on peut véritablement nommer extraordinaires.

Chaque fois qu'il sera nécessaire de construire des lignes de chemin de fer, — et il n'y en a pas peu pour compléter le réseau des communications rapides, — nous devrons porter d'un côté du budget les frais provenant des paiements garantis, et de l'autre, les nouvelles recettes qui seront créées. Ainsi nous avancerons d'un pas ferme, certains que la réorganisation définitive de nos finances est le moyen le plus puissant de hâter cette œuvre de civilisation, qui fut commencée il y a trente-cinq ans, sans crainte de retomber dans les erreurs qui nous ont imposé, et nous imposent encore, de si grands sacrifices.

Recettes des Exercices déjà apurés. — Il est bon de mentionner ici la marche de nos recettes dans les *exercices* dont nous avons parlé, sinon dans tous leurs détails, qu'on trouvera facilement dans le Compte général de l'État, mais, en tout cas, dans leurs principaux traits. C'est un élément important pour la solution de la question, de mettre de l'ordre dans nos finances. Les chiffres représentent *Contos* de Reis.

Impôts directs.

	1877-78	1878-79	1879-80	1880-81	1881-82	1882-83	1883-84	1884-85
Banques	187	170	161	157	158	173	170	150
Industrie	832	829	780	1.097	1.089	1.099	1.110	1.123
Loyers	231	240	252	362	373	384	393	399
Somptuaire	75	74	73	106	102	103	100	100
Foncier	2.261	2.299	2.344	3.143	3.146	2.929	3.235	3.099
Dîme de *Juros*	189	198	218	290	299	294	308	304
Direitos de Mercê	107	137	138	174	173	166	190	191
Routes	1.789	1.820	1.700	84	68	51	31	19
Revenu	»	»	»	277	398	401	393	380
Divers	398	410	461	462	457	403	479	477
	6.069	6.177	6.127	6.152	6.263	6.003	6.409	6.232

Ce tableau fait voir que l'augmentation totale des taxes de district est moindre que le produit de l'impôt sur le revenu, mais nous devons faire observer que jusqu'à 1880-81, une portion importante de l'impôt additionnel pour la construction des routes fut transportée sur l'article suivant du budget.

Il est toujours évident que nous devons remanier et la loi et le système d'administration à l'égard des impôts industriel, des loyers, somptuaire et des Banques.

Timbre et enregistrement.

	1877-78	1878-79	1879-80	1880-81	1881-82	1882-83	1883-84	1884-85
Enregistrement	1.209	1.240	1.393	1.828	1.978	1.827	1.881	1.716
Timbre	972	1.024	1.063	1.259	1.281	1.266	1.281	1.245
	2.181	2.264	2.456	3.087	3.259	3.093	3.162	2.961

Les dernières années ont été évidemment défavorables, principalement en ce qui concerne l'enregistrement; mais comme le règlement touchant les droits de timbre a été promulgué récemment et que celui des droits d'enregistrement est plus récent encore, nous pouvons sûrement compter sur une grande augmentation de revenu du fait de ces deux impôts.

Impôts indirects

	1877-78	1878-79	1879-80	1880-81	1881-82	1882-83	1883-84	1884-85
Accise	1,362	1,338	1,361	1,448	1,438	1,400	1,441	1,503
Exportation	162	243	324	198	238	214	213	235
Importation,	7,141	6,810	6,802	7,043	7,728	6,018	6,992	7,561
Tabac	2,856	5,477	865	2,000	2,953	2,198	2,914	3,182
Profits (émoluments)	101	102	102	129	145	121	138	146
Céréales	416	1,023	922	686	971	1,217	1,355	1,268
Exportation de vins	»	»	»	186	220	218	202	277
Vins d'Oporto et Gaia	229	84	70	62	65	65	69	72
Poisson	122	113	119	107	109	112	146	129
Real de Agua	833	795	815	898	958	964	1,017	1,076
Taxa Complementar	309	317	345	561	624	437	464	451
Divers	389	372	389	396	405	429	513	689
	13,920	16,674	12,114	13,714	15,854	14,393	15,464	16,589

En comparant la dernière année avec la première, nous voyons une augmentation de 2,669:000$000 Reis, correspondant à une augmentation moyenne de 381:000$00 Reis, mais nous devons remarquer qu'une grande partie de cette augmentation provient de l'élévation des droits et non d'aucun grand progrès du commerce ou de la consommation. Le droit additionnel de 6 pour cent a commencé à donner un revenu dans *l'exercice 1881-82* et le revenu est successivement 80:000$000, 846:000$000, 940:000$000 et 975:000$000 Reis.

Propriétés nationales et recettes diverses.

	1877-78	1878-79	1879-80	1880-81	1881-82	1882-83	1883-84	1884-85
Chemin de fer de Minho et Douro	302	371	571	613	645	666	689	677
Che. de fer du Sud et du Sud-Ouest.	396	380	455	449	444	451	445	478
Postes et Télégraphes........	577	538	601	647	638	651	687	754
Presse nationale et Diario......	165	186	174	211	199	196	233	188
Divers	617	479	597	574	645	574	632	1,019
	2,057	2,004	2.398	2,494	2,571	2,538	2,686	3,116

La comparaison entre la première et la dernière des huit années fait voir une différence de 1,059:000$000 Reis, soit une moyenne annuelle de 151:000$000 Reis.

Ces chiffres prouvent qu'en augmentant les droits, nous n'avons ajouté au revenu public, durant ces huit années, qu'une somme moyenne de 666:000$000 Reis, résultat qui diffère bien peu de celui qu'on obtient en comparant les deux derniers *exercices*, si l'on déduit le montant des exemptions de service militaire.

Heureusement, l'*exercice* de 1885-1886 a été plus favorable et, pour l'*exercice* courant, l'état des choses est encore meilleur, en ce qui touche la somme des recettes et la rapidité de leur augmentation, bien que les dépenses ordinaires se soient élevées également, par suite du fonctionnement des lois qui sont actuellement en vigueur, et que les dépenses extraordinaires aient augmenté aussi par l'exécution de contrats passés précédemment et auxquels on doit pourvoir dans l'*exercice*.

Budget de 1887-1888. — Le budget pour le prochain *exercice* indique les chiffres suivants pour le revenu et les dépenses ordinaires.

Junta du Crédit Public		14.886:962$824

Ministère des Finances.

Services propres	2.911:190$046	
Dépenses générales	5.176:527$540	8.087:717$586
Ministère de l'Intérieur.		2.020:576$809

Ministère de la Justice.	727:696$750
Ministère de la Guerre.	4.963:582$767
Ministère de la Marine.	2.013:563$456
Ministère des Affaires étrangères	352:685$422
Ministère des Travaux publics	4.074:580$155
Dépense totale.	37.127:366$970
Revenu estimé d'après les règles indiquées dans le règlement de Comptabilité compris les additionnels pour les services agricoles, pour les routes et pour les tribunaux administratifs	34.727:891$500
Déficit.	2.717:475$070

Le budget qui est remis à chacun de vous avec le rapport, donne des comptes et des explications pour chaque recette et pour chaque dépense; nous pouvons affirmer que les recettes et les dépenses ont été évaluées en laissant toute la marge nécessaire, de sorte que le budget révisé de l'année prochaine ne rendra pas la situation plus mauvaise qu'elle n'est aujourd'hui.

Il vaut mieux regarder les choses en face et pourvoir complètement à toutes les difficultés que de laisser certains chiffres dans l'obscurité et d'attendre les désillusions futures qui n'amènent avec elles aucun remède, alors qu'elles se produisent. Laissons les esprits faibles hésiter à se trouver aux prises avec les difficultés; c'est le privilège des hommes vaillants d'affronter les difficultés avec calme, de lutter sans peur avec elles et de les surmonter avec intelligence et avec la puissance d'une volonté forte, parce qu'ils ont su les mesurer.

Les chiffres du budget doivent être remaniés pour que nous puissions faire face au déficit de cette année.

Recettes :

	PLUS	MOINS
Quotité de l'impôt de consommation correspondant à l'augmentation de la population de Lisbonne	384:052$463	
Real de Agua pour Belem et Olivaes		37:849$56

Dépenses :

	PLUS	MOINS
MINISTÈRE DES FINANCES :		
Subvention à la municipalité de Lisbonne.		307:241$970
Revenu des droits sur le charbon. .		29:500$000
Allocations : frais pour grandes routes	93:794$558	
Monte Pio, pensions, pensions des postes, allocations aux paroisses, prêtres, etc., etc	12:000$000	
Pensions pour *Companhias Braçaes* .	2:000$000	
Réformes	13:000$000	
Retraites dans la police douanière. .		
Pensions au *Monte Pio* de marine.	2:500$000	
Subvention à la Caisse des retraites.	8:500$000	
Subvention à *Caixa de Reformas* .	3:500$000	
Provision pour convertir les rentes perpétuelles en rentes viagères	9:000$000	
MINISTÈRE DE LA GUERRE :		
Retraites	45:000$000	
MINISTÈRE DE LA MARINE :		
Retraites	10:000$000	
MINISTÈRE DES TRAVAUX PUBLICS :		
Subventions pour les routes municipales	80:000$000	
	663:347$021	374:591$566
AUGMENTATION DU DÉFICIT. . .	288:755$455	

Moyens de combler le déficit. — Comme premier pas dans la réorganisation de nos finances, nous devons indiquer les moyens de combler le déficit de 3,006:230$525 Reis, sans surcharger les contribuables.

A cet effet, nous avons l'honneur de proposer les mesures suivantes que, nous expliquerons une à une :

Élévation de droit sur le tabac.	900:000$000
Opérations avec la Banque de Portugal	1,100:000$000

Réforme des tarifs de douane	750:000$000
Recette nette des plantations de riz..........	90:000$000
Recettes des loyers somptuaires, Impôts de commerce, DECIMA DE JUROS et taxes sur les distilleries d'alcool........................	230:000$000
Total	3.070:000$000
Déficit.........	3,006:000$000
Excédant.......	64:000$000

Vous remarquerez, naturellement, qu'en pourvoyant à ce déficit ordinaire, je ne fais pas usage de l'accroissement normal de la recette, et de celui qui devra suivre la révision des cotes foncières et des droits d'enregistrement, ou les économies par suite de vacances.

J'ai omis exprès ces importants détails et d'autres, parce qu'on en aura besoin pour le budget extraordinaire et aussi parce que je préfère paraître pessimiste en ce moment et vous montrer un résultat favorable à la fin de l'exercice, plutôt que de croire trop ardemment à la prospérité future et me trouver moi-même démenti accidentellement par l'implacable logique des faits.

Je dois maintenant exposer, avec tous les détails nécessaires, les différents moyens à l'aide desquels je compte extirper le *cancer* du déficit qui ronge notre budget ordinaire et convertir ces budgets non en « simples colonnes de recettes et de dépenses », ainsi qu'un illustre homme d'État les a heureusement définis, mais en véritables bilans qui puissent déceler la situation exacte de nos finances.

Propositions financières.

Droits sur les tabacs. — La Compagnie dite de Xabregas, qui possédait déjà l'établissement de ce nom, et la *Lisbonense*, certainement une des premières du pays, pensait qu'il serait dans ses intérêts de réunir toutes les manufactures en une seule entreprise qui formerait, naturellement, un monopole pratique analogue à plusieurs autres que nous connaissons tous.

Dans cette vue, elle a été reconstituée sous le nom de *Companhia Nacional de Tabacos*, et elle a acheté toutes les manufactures, sauf trois de peu de valeur, à Lisbonne, et une à Oporto. Il faut remarquer que deux des trois manufactures de Lisbonne étaient déjà fermées et n'avaient pas travaillé depuis plusieurs mois. D'après les dispositions des lois existantes, il pourrait sans doute s'être ouvert d'autres manufactures dans les deux villes principales du royaume, mais le capital ferait naturellement défaut à des entreprises de ce genre, après les rudes expériences du passé et en présence des peines et des difficultés qu'amènerait la concurrence de la puissante organisation de la *Companhia Nacional*.

Ce fut alors que le Gouvernement informa la Compagnie qu'en présence d'un état de choses produit ainsi sans aucune intervention de l'administration, il trouvait opportun de modifier les conditions relatives aux manufactures de tabac en Portugal, et d'assurer par là un revenu important au Trésor. La Compagnie répondit à cette communication par son mémorandum du 1er décembre dernier, proposant d'apporter les modifications suivantes à la loi du 13 mai 1864:

1° L'article qui autorise la fabrication et la vente des tabacs devait accorder la fabrication et la vente sur le continent à une seule Compagnie qui consentirait à payer 600:000$000 Reis pour le privilège. Si l'État prenait des arrangements pour que le nettoyage et le séchage fussent faits à la douane, la somme pourrait être portée à 700:000$000 Reis.

2° L'article qui fixe le droit sur les tabacs manufacturés. Ce droit devait être augmenté de 20 pour cent.

3° L'article relatif au remboursement des droits sur les exportations. Ce remboursement devant s'appliquer à tous les tabacs manufacturés, y compris les côtes et les rebuts réexportés par la Compagnie.

» 4° L'article 43 de la loi ci-dessus mentionnée, relatif au
» transit des tabacs étrangers; ces dits tabacs devant porter sur
» leur enveloppe l'indication du poids total contenu dans chaque
» paquet.

» Outre ces modifications, on devait permettre aux concession-

» naires d'avoir leur personnel fiscal, mais complètement subor-
» donné aux employés du Gouvernement. Cela serait une aide
» puissante pour ces derniers, sinon un aiguillon pour les
» pousser à une meilleure exécution de leurs devoirs; et ils
» exerceraient à leur tour une influence similaire sur ceux de
» la Compagnie.

» Afin que l'État pût être associé dans l'entreprise et rece-
» voir sa part de toute augmentation future de la consomma-
» tion, il devait être convenu que, de trois ans en trois ans, il
» pourrait être payé pour cette augmentation, un tant pour cent
» basé sur les recettes de la Douane.

» Le privilège ne devant pas être concédé pour moins de
» douze ans, afin d'assurer aux concessionnaires des bénéfices
» futurs, en retour de leurs frais immédiats.

» Comme il n'est pas juste qu'un capital si considérable,
» actuellement dispersé parmi un si grand nombre d'acheteurs
» et pour ainsi dire sans aucune sécurité, reste sans garanties,
» le privilège accordé aux dettes publiques devait lui être con-
» cédé, et la chose étant considérée de la sorte, toutes les dettes
» contractées envers la Compagnie avant la concession pour la
» fabrication et la vente des tabacs, devaient être privilégiées
» comme celles qui seront contractées ensuite. »

En résumé, la *Companhia Nacional* demandait, outre la continuation de la législation de 1864 et des lois subséquentes, qui frappent de droits les feuilles de tabac, le monopole absolu de la fabrication et de la vente, un *drawback* sur tous les tabacs manufacturés exportés, ainsi que sur les rebuts ; que le poids net de tous les tabacs manufacturés étrangers fût indiqué sur l'emballage ; que le droit fût élevé de 20 pour cent sur tous ces tabacs, que la Compagnie pût avoir son personnel fiscal propre et qu'elle pût jouir, pour le recouvrement des dettes contractées envers elle, du même privilège que le département des Finances pour le recouvrement de ses créances. Si tous ces privilèges étaient accordés pour douze ans, et en plus de ces facilités, pour nettoyer et sécher le tabac avant l'acquittement des droits de douane, la Compagnie garantissait le paiement de 700:000$000 comme droit dû à l'État — ledit paiement étant en outre réduit du montant des *drawbacks* et des frais de nettoyage et de séchage à la Douane.

Dans l'opinion du Gouvernement, cette proposition soulevait des objections sérieuses. En maintenant le taux du droit actuel sur les feuilles de tabac, elle mettait obstacle à l'augmentation de la consommation, car, quels que soient les besoins des consommateurs, l'article restera d'un prix élevé, tant que la matière première sera frappée d'un droit d'importation de 1$740 Reis; il y aurait toujours à opposer une objection au paiement d'un droit non seulement sur la feuille, mais sur la tige, les rebuts et même sur les matières étrangères. En Espagne, si la *Régie* vend des cigares de qualité supérieure à 504 Reis pièce, elle offre aussi des cigares communs à 1$458 Reis le kilogramme, des *picados* à 1$296 et des cigarettes à 1$350 Reis.

Un droit élevé sur la matière première ne nous permettrait ni de combattre efficacement la contrebande, ni de convertir Lisbonne et Oporto en entrepôts pour la fabrication et la vente de tous les tabacs pour l'exportation.

Pour ces raisons, le Gouvernement décidait que les bases de tout arrangement futur seraient la libre importation du tabac en feuilles et, en même temps, la certitude d'une plus grande consommation du tabac cultivé dans la région du Douro (si longtemps et si sévèrement éprouvée par le malheur), ainsi que dans les îles adjacentes et dans les colonies. On peut objecter que le système de redevance fixe a les mêmes inconvénients que le système actuel, puisque la majeure partie de la redevance correspond au droit d'importation. Mais ce serait oublier qu'en Portugal, la consommation est estimée à 2,200,000 kilogrammes en chiffres ronds, soit à peine 500 grammes par tête, tandis qu'en Espagne elle dépasse 1 kilogramme par tête. Il est donc évident que le poids des droits doit diminuer en proportion de l'accroissement de la consommation sur place et de l'exportation à l'étranger, et qu'il deviendra alors facile de mettre en vente à bas prix les qualités ordinaires de tabac, de sorte que nous pourrons entrer avantageusement en compétition avec les frauduleuses importations étrangères que nous connaissons dans le voisinage de notre frontière continentale.

De l'autre côté, les recettes augmentées qui nous étaient offertes et qui seraient certainement inférieures à 600:000$000 Reis par an, n'étaient pas proportionnées aux avantages que la Compagnie voudrait obtenir, et on n'y rencontrait aucune amélioration pour fixer la redevance par adjudication.

De plus, nous ne voyions pas comment nous surmonterions la difficulté d'établir la *Régie* ou de mettre en adjudication le droit au monopole, lorsque la convention expirerait. Nous ne pouvions non plus distinguer l'adjudication de la liberté de vente.

Finalement, on n'avait rien prévu pour le bien-être des nombreux travailleurs qui étaient employés à la fabrication, ni pensé à améliorer leurs moyens d'existence.

Le Gouvernement a donc répondu à la proposition de la Compagnie, en posant les bases d'un arrangement provisoire présenté à la Chambre, en même temps que ce rapport.

Une longue discussion eut lieu à ce sujet entre le Gouvernement et la *Companhia Nacional*, et un accord fut conclu juste au moment où certains citoyens remirent aux ministres une pétition dans laquelle ils offraient une augmentation de recettes de 1,000:000$000 Reis, si le monopole du tabac leur était accordé par adjudication publique.

Cette proposition qui, nous devons en faire la remarque, n'était pas faite en termes précis, nous parvint juste comme la Compagnie venait d'accepter les principales clauses de la proposition du Gouvernement et ne pouvait, par conséquent, être prise en considération dans ce moment-là.

Quelques doutes qui surgirent pendant la rédaction du contrat en retardèrent la signature et, pendant ce temps, il se produisit des manifestations de l'opinion publique contraires à la concession d'aucun monopole de ce genre.

Bien que ces manifestations ne fussent pas justifiées, le Gouvernement résolut, tout en maintenant avec fermeté l'ordre public, d'essayer d'autres moyens et de trouver d'autres combinaisons, afin de faire valoir la futilité de l'objection faite contre la proposition, mais sans abandonner l'idée fondamentale d'une augmentation nette de 900:000$000 Reis de recettes, de ce chef. Plusieurs propositions furent faites par les experts en la matière, mais à la fin, le Gouvernement se décida pour ce qui est contenu dans la projet de loi soumis à votre examen. Je puis, maintenant, vous proposer cette loi puisque, par un accord entre le Ministère et les délégués de la Compagnie, les deux parties se sont dégagées des engagements qu'elles avaient pris.

La proposition indique trois combinaisons qui peuvent être substituées l'une à l'autre. Dans la première, notre industrie nationale est protégée par l'augmentation des droits sur les tabacs manufacturés étrangers et par les mesures prises pour favoriser l'importation de ses produits dans les provinces coloniales; le système actuel de liberté comparative sera suivi, tant que le taux actuel de la consommation ne changera pas, mais il sera amélioré par la suppression des droits d'importation sur le tabac en feuilles. Les manufactures formeront une corporation, chacune avec sa part de responsabilité dans le paiement de la rente de 4,250:000$000 Reis par an, part proportionnelle à sa production.

Aussitôt qu'une augmentation de consommation se produira, l'État prélèvera un faible droit sur les tabacs bruts importés et aura ainsi sa part des profits de l'association.

Toutes les manufactures existantes ont pleine liberté d'accepter ou de refuser la nouvelle combinaison, et si elles acceptent, il n'y aura pas de monopole de fabrication, Le premier état de choses continuera, mais il sera fait une addition importante aux recettes du Trésor.

Si elles refusent, donnant par là une preuve incontestable que le système actuel ne peut être concilié avec les intérêts du Trésor, une adjudication publique accordera la concession du monopole de fabrication, moyennant une rente minime de 4.250:000$000 Reis, aux clauses et conditions indiquées dans le projet de loi.

Le Gouvernement a des preuves convaincantes que l'adjudication ne laissera pas d'attirer des soumissionnaires, mais s'il ne s'en présentait pas, nous pourrions mettre à profit la troisième combinaison, créer une *Régie*, et exproprier toutes les manufactures qui existent actuellement. Ce dernier système comporte beaucoup de peines et l'emploi de grands capitaux, mais il entraîne aussi une grande augmentation du revenu public.

Si nous supposons que l'une des deux premières combinaisons est adoptée, les résultats financiers peuvent en être estimés facilement.

Les recettes des tabacs, calculées d'après la moyenne des trois dernières années, figurent au budget pour 3,181:000$000 Reis; et comme la proposition nous assurerait 4,250:000$000 Reis, nous aurions une augmentation immédiate de revenu de 1,069:000$000 Reis, tout en maintenant les mesures fiscales sous notre contrôle.

L'augmentation de dépense produite par la nomination de 800 nouveaux douaniers qui, par parenthèse, sont absolument nécessaires pour protéger plus complètement la frontière et assurer d'autres recettes de douane, pourra peut-être s'élever à 100:000$000 Reis; les compensations accordées aux employés du revenu de l'intérieur pour la perte de leurs émoluments relatifs au tabac ne dépasseront pas 14:000$000 Reis; les 30:000$000 dus à titre d'indemnité pour les tabacs acquittés en douane et d'autres responsabilités, ne monteront pas à plus de 55:000$000 Reis, de sorte que nous avons une somme nette d'environ 900:000$000 Reis que nous pouvons employer à réduire le déficit, sans parler de l'avantage d'augmenter le corps des douaniers de près de 36 pour cent de sa force actuelle.

Il ne serait pas difficile d'attaquer le deuxième ou le troisième de ces projets par d'éloquentes philippiques sur les avantages de la liberté et sur les horreurs du monopole; mais nous ne devons pas oublier que la consommation du tabac est une mauvaise habitude peu profitable à la santé et qui n'a pas de droit spécial à la protection des autorités publiques et que le tabac a été considéré par presque toutes les nations comme matière à juste et facile imposition.

On ne trouve pas souvent une source de revenu propre à fournir une augmentation de 900.000$000 Reis, et il est inutile de rappeler que le droit additionnel de 6 pour cent ne produit pas davantage, bien qu'il soit applicable à tous les impôts.

Les documents officiels que le Gouvernement a eus à sa disposition pour arriver à décider cette question avec justesse, sont annexés à ce rapport.

Opérations avec la Banque de Portugal. — Il serait inutile d'essayer de faire ici une faible description de tout ce qui a été si habilement écrit sur la législation des banques et la circulation du papier. L'école économique est divisée par plusieurs opinions et par plusieurs théories sur ce point difficile de la science sociale, mais les manières de faire et la pratique des nations les plus avancées ont décidé en faveur de l'unité d'émission des billets de banque lorsqu'elle est faite par celle de l'État. Ce système, qui prédomine dans presque toute l'Europe, est un de ceux que propose le Gouvernement pour ce pays dans lequel nous avons vu jusqu'ici un état de choses que n'a jamais rêvé aucun autre pays. Dans une partie du royaume, nous trouvons un monopole pour la circulation du papier; dans d'autres, une multiplicité de papiers-monnaies, émis par des banques différentes, et partout, une circulation de papier manifestement inférieure à celle qu'un système économique rationnel exigerait. De plus, il arrive que le privilège d'émettre des billets a été abandonné par le Gouvernement dans la capitale et dans son district, comme si c'était une chose de nulle valeur, une concession sans aucune importance.

L'idée que l'uniformité du papier-monnaie et sa concession à un seul établissement peuvent être profitables au Trésor, n'est pas du tout nouvelle.

Après avoir été émise plusieurs fois et discutée dans le Parlement, elle a été à la fin incorporée dans un bill présenté en janvier 1879 par le conseiller d'État, Antonio de Serpa Pimentel.

Cette tentative et tous les projets similaires furent constamment repoussés par l'opposition de plusieurs banques, auxquelles avait été concédé le droit légal d'émettre des billets. A présent, on n'a plus à craindre un si désagréable état de choses. Des négociations qui sont déjà assez avancées, entre le Gouvernement et les banques portugaises, nous induisent à penser que les banques consentiront à abandonner les maigres profits qu'elles tirent maintenant de leur circulation limitée, moyennant une indemnité modérée. Mais si cet espoir était déçu, ce qui n'est pas probable en ce moment, le projet de contrat qui vous a été soumis, réserve complètement les droits actuels de ces banques qui n'auraient, par conséquent, aucune raison pour continuer leur opposition.

Tous les obstacles de quelque importance étant ainsi écartés, il restait à indiquer le bénéfice que ferait le Trésor en concédant à une seule Banque le droit de circulation du papier. Le Gouvernement ne s'arrêta pas dans ses efforts pour rendre ce bénéfice aussi grand que possible, et il pense enfin être arrivé à une conclusion satisfaisante.

D'après les contrats dits des classes inactives, le Gouvernement doit à la Banque du Portugal une somme qui était estimée au 30 juin de l'année courante à 2,653:000$000 Reis portant intérêt à 6 pour cent par an, entièrement payé. Les charges qui y correspondent sont inscrites au budget de 1887-88 pour 155:000$000 Reis.

D'un autre côté, les retraites accordées dans les divers départements montent à 1,800:000$000 Reis, de sorte que les charges totales pour services non effectifs sont 1,955,000$000 Reis. D'après les combinaisons qui vous sont soumises en même temps que le projet de loi, cette dépense sera réduite, pour l'année prochaine, à 972:000$000 Reis.

De cette opération, également profitable aux intérêts de la Banque et à ceux du Trésor, il résulte une économie de près de 983:000$000 Reis dans les dépenses publiques.

La Banque devient, tant dans la capitale que dans les districts, le trésorier de l'État, recevant tous les revenus publics et payant toutes les dépenses qui sont autorisées légalement.

Par cette combinaison, on réalise une économie immédiate de 23:650$000 Reis sur le montant des appointements des trésoriers payeurs de district, des trésoriers payeurs du Ministère des Finances, et de la Junta du Crédit Public et de ses adjoints.

Mais comme la Banque est aussi chargée du transfert des fonds et de l'intérêt à trois pour cent attaché aux sommes comparativement considérables qui s'accumulent dans les coffres de la Junta du Crédit Public, pour payer les charges de la Dette publique, on peut facilement voir combien au-dessous de la vérité est notre estimation de 1,100:000$000 Reis, comme diminution de dépense par suite de cette opération avec la Banque d'émission.

Cette réforme de la Banque et celle du papier en circulation ne blessent aucun intérêt, n'imposent aucune charge nouvelle aux contribuables, mais, au contraire, elles rendent service au régime économique du pays ; elles contribuent même déjà à diminuer le déficit jusqu'à concurrence de la somme importante de 1,100:000$009 Reis.

Il est certain que l'opération sur les services non effectifs, continuera d'augmenter, pendant quelques années, les charges du Trésor ; mais, outre que l'augmentation des dépenses est beaucoup inférieure à l'augmentation normale du revenu public, elle apportera une ample compensation, par le développement de la prospérité publique et la part que le Trésor recevra sur bénéfices réalisés par la Banque.

Dans un tableau annexé au présent rapport, vous trouverez le cours probable de cette opération affectant les services non effectifs, en partant de l'hypothèse défavorable que tous les individus mis à la retraite ou à solde réduite n'ont pas encore 55 ans ; et en adoptant les tables de mortalité admises en France pour les fonctionnaires publics.

Réforme du tarif. — La proposition que j'ai l'honneur de soumettre à votre haute appréciation est basée, sous ses principaux aspects, sur celle que présentait, il y a un peu plus d'un an, mon illustre prédécesseur, avec le nº 7 D, et dont le rapport a été fait par l'un de nos employés de douane les plus distingués. Nous trouvons, dans l'excellent rapport du conseiller Hintze Ribeiro et dans le mémorandum si bien rédigé de la Commission des Finances, un abrégé tellement précis des causes de cette réforme, qu'il serait superflu et hors de propos de les répéter ici. Je me bornerai donc à expliquer les points principaux sur lesquels repose la différence existant entre le projet actuel et celui qui fut présenté aux Cortes, en 1886 ; différence exigée soit par les besoins des finances, soit par la nécessité de simplifier le service.

Afin de mieux estimer la nature de ce projet et d'en faciliter l'exécution fiscale, nous avons supprimé des tarifs, toutes les marchandises qui sont exemptes de droits. Elles forment des groupes spéciaux. Dans la même intention, nous avons formé d'autres groupes, afin de mieux classer les objets soumis à l'impôt et nous avons réduit, au nombre de 331, les articles du tarif actuel, ce qui fait que 330 articles du tarif actuel et 109 du projet de 1886 se trouvent supprimés.

Cette simplification est assurée, maintenant, grâce au principe de l'unification des taxes, qui a été appliqué, pour la première fois, l'année dernière. D'après le projet de 1886, une grande partie des droits additionnels étaient réunis avec les droits principaux sous un même titre ; ces derniers comprennent maintenant le droit de port et le droit d'entrée, impôts créés par la loi du 26 juin 1883, ainsi que le Trois pour cent qu'on appelle des *emolumentos*. De cette façon, nous avons un moyen sûr de calculer les droits et de hâter ainsi les expéditions, et nous accordons, en même temps, au commerce, l'avantage inestimable d'être mieux informé quant au montant des droits perçus sur toute espèce de marchandise. Il n'en est pas ainsi maintenant, parce que le droit principal subit une augmentation par suite de diverses commissions, quelquefois *ad valorem* et autres droits spécifiques ; d'autres fois par l'augmentation des droits *ad valorem*, variant à chaque instant, soit par la nature des objets, soit par l'ignorance ou la trop grande adresse des agents commerciaux. A l'avenir, le droit sera *unique* et il suffira de consulter le tarif pour le connaître ; dans la plupart des cas il n'y aura pas de modification de taux, à l'exception des changements insignifiants jugés nécessaires, si nous voulons nous débarrasser des fractions.

Le *Trois* pour cent des *emolumentos* et le *Deux* pour cent de port et d'entrée, seront levés sur les marchandises venant directement des pays avec lesquels nous avons des traités de commerce. Dans ces cas, nous ne pourrons toucher à ces droits additionnels qu'avec les droits désignés sur les traités et qui ne pourront jamais augmenter.

J'ai donc jugé convenable, afin de rendre le doute impossible et pour qu'on ne suppose pas que nous avons modifié en rien les droits établis sur les traités, de préciser ces droits dans ce projet de tarif des douanes, puis de présenter sous une autre forme les droits additionnels, pour *emolumentos* et droits de port, applicables à toute marchandise venant de n'importe quel pays et d'en convertir le total en droit spécifique. Par cette transformation, nous nous débarrassons de toutes les objections, bien fondées d'ailleurs, et nous estimons la valeur moyenne des marchandises avec la plus scrupuleuse exactitude, d'après les cadres de statistique, de sorte que le nouveau tarif est tout à l'avantage du commerce : les valeurs déclarées et inscrites sur les cadres de statistique étant manifestement au-dessous des valeurs réelles.

Un examen attentif des différentes colonnes du tarif des importations, prouvera non seulement que nous respectons les clauses des traités, mais encore qu'en arrondissant les chiffres nous avons poussé les scrupules au point de supprimer toutes les fractions résultant des additions, toutes les fois que cette omission ne causait pas un grand préjudice au revenu de l'État. Sur ce point, il sera bon de remarquer que les traités nous obligent seulement à maintenir l'impôt tel qu'il y est approuvé et inscrit dans les colonnes du projet. Quant au trois pour cent additionnel pour *emolumentos*, et aux droits d'entrée des ports de Lisbonne et de Leixões, nous avons entière liberté, vu que ces droits représentent les appointements des employés et un dédommagement aux dépenses ou améliorations des ports de mer, ce qu'exigent toujours les réparations locales. Dans l'article 14 du traité de commerce avec la France, et par la loi du 13 mai 1882, nous nous sommes réservé le droit de prélever un impôt spécial sur les marchandises destinées aux améliorations locales.

Nous pouvions, si nous le voulions, modifier cet impôt spécial d'une façon ou de l'autre, mais je n'ai pas profité de mon droit.

Il nous restait donc à pourvoir à la rémunération des employés, rémunération fournie en grande partie par les *emolumentos* qui sont, par leur nature même, le meilleur encouragement aux efforts dont dépendent les revenus de l'Etat. Je propose, par conséquent, qu'on prélève un tant pour cent fixe sur les droits de douane perçus mensuellement et calculé par la moyenne des appointements de chaque employé, d'après le classement de la douane, et que ce tant pour cent augmente dans la même proportion que les recettes réelles.

Dans le projet de 1886, le sucre était classé d'après sa provenance ; les droits pour le sucre du Brésil étaient fixés à 90 Reis par kilogramme et tous les autres à 100 Reis, quelle que fût la qualité de l'article, et tous étaient soumis aux droits additionnels de 3 pour cent et 2 pour cent *ad valorem*.

L'intention du Ministre était de faciliter les expéditions et d'encourager l'importation des sucres du Brésil, qui ont baissé rapidement. Partant de ce principe, le Gouvernement crut ne pas devoir renoncer aux avantages d'un tarif sans compensation et pensa qn'il pourrait l'échanger contre des concessions raisonnables en faveur des principaux articles fabriqués en Portugal. Il ne semble pas juste, d'ailleurs, lorsqu'on fixe une proportion équitable entre l'impôt et la valeur de l'article, en protégeant en même temps les intérêts de nos raffineurs, d'établir les mêmes droits pour les sucres à bon marché du Brésil, les sucres pilés, qui peuvent entrer immédiatement dans la consommation et les sucres tamisés au Brésil, par les procédés portugais. Cette dernière qualité de sucre différant beaucoup de celles qu'on obtient dans les autres pays par des procédés perfectionnés, il ne saurait y avoir aucun doute quant à leur classement.

Il serait facile d'adopter un système de classement d'après les degrés saccharimétriques et la pureté du sucre, mais il est certain que, dans la pratique, les systèmes les plus parfaits même, soulèvent des discussions fréquentes et vexatoires. Pour cette raison, nous proposons d'établir trois groupes facilement reconnaissables, comme suit : — le sucre jusqu'au n° 20 de la balance hollandaise, le sucre supérieur à cette classe, comprenant le sucre pilé et le sucre tamisé par les procédés portugais. Avec l'impôt que nous proposons, le revenu du sucre augmentera considérablement sans grand préjudice au consommateur, car il est certain que le prix de cette denrée a baissé considérablement sur les marchés du monde entier.

Le riz devrait payer, avec les droits additionnels, 29.27 Reis ou en chiffres ronds, 30 Reis. Comme nous supprimons le *real de agua* et le *consumo* à Lisbonne, prélevés actuellement sur cette céréale, et comme nous chargeons d'un droit proportionnel la superficie des champs de riz, nous pousserons l'impôt à 36 Reis, ce qui augmentera de beaucoup les revenus de l'État.

La question des droits sur le blé et la farine d'importation étrangère n'est pas encore résolue.

On ne saurait se faire une illusion sur l'état critique dans lequel se trouve la culture du blé actuellement, mais les profits commerciaux des meuniers et des boulangers ne sont pas assez forts pour permettre d'augmenter les droits sur le blé, sans élever aussi le prix du pain, ce qui agiterait le pays et serait lamentable pour les classes pauvres du midi du royaume surtout. L'impôt sur le blé ne sera donc pas modifié, et en faisant un compte rond, nous trouvons l'excédant de 0,2 real seulement. Comme on ne pourrait pas présenter les mêmes objections quant au millet, à l'orge et à l'avoine, les droits en sont augmentés respectivement de 2,3, et 2.7 Reis. Pour les mêmes raisons l'impôt sur la fève sera augmenté de 13,5 Reis.

Le projet de 1886 supprimait l'impôt sur le charbon, quelle que fût sa destination. Le but évident de cette mesure était d'encourager l'industrie nationale, mais le projet augmentait en même temps les droits sur le pétrole. Il ne serait pas juste que la lampe du pauvre payât un droit que ne paie pas le gaz dont jouissent presque exclusivement les classes riches. Or, il est prouvé que le gaz rapporte tant en Portugal qu'il serait vraiment injuste de le soulager du poids que lui causerait un impôt sur le charbon. D'autre part, les chemins de fer n'ont rien à redouter de la concurrence étrangère. Nous supprimons donc le droit sur le charbon, excepté lorsqu'il sera destiné au gaz ou aux chemins de fer. Ce simple impôt augmentera les recettes de 35:000$000 Reis au moins.

Le projet de 1886 diminuait aussi l'impôt sur le fil de coton afin de mettre un terme à la contrebande que l'on faisait à la frontière; mais le rapporteur éclairé de ce projet émit l'avis de recevoir les plaintes des fabricants nationaux. Je partage son opinion et j'écoute les récriminations des industriels lésés, d'autant plus que le Gouvernement a l'intention d'augmenter considérablement les forces du fisc à la frontière.

Nous avons protégé volontiers toutes les marchandises importées de nos colonies. En ce moment, nous tâchons d'ouvrir de nouvelles voies de communication avec l'Afrique et l'Inde. Le résultat de nos efforts civilisateurs est que les colonies ont chargé la mère patrie d'un déficit de 1,200:000$000 ou 1,000:000$000 Reis. Je trouve que le moment est arrivé de diminuer la protection sans y manquer. Cette résolution apportera une grande augmentation à nos recettes.

Au nombre des changements moins importants, il y en a un relatif à l'eau-de-vie. L'impôt actuel chargé de tous les droits additionnels produirait 1$348.83 Reis par décalitre d'alcool pur. Dans le projet de mon illustre prédécesseur, cet impôt, avec les droits additionnels n'était que de 1$169.48 Reis, c'était évidemment pour les seuls besoins du fisc. Comme nous avons augmenté de 2.3 Reis l'impôt sur le millet, cette diminution est non seulement devenue impossible, mais encore faut-il augmenter les droits de l'alcool en proportion de ce qu'on a fait pour la matière brute.

Il faut également réformer le tarif de la douane de *consumo* de Lisbonne. Nous ne pourrons présenter cette loi aux Cortès que lorsque la session sera un peu avancée, parce que cette réorganisation dépend des arrangements que nous pourrons prendre par rapport à la nouvelle superficie annexée à la ville de Lisbonne, et nous ne possédons pas encore toutes les données nécessaires à l'établissement d'une réforme aussi importante. Pour le moment, nous nous bornerons à faire, aux droits de *consumo* de Lisbonne, les modifications que comporte la réforme du tarif général des droits d'importation.

Cette réforme, en déduisant la perte de l'impôt sur le charbon, et la suppression des droits de réexportation et de transbordement et le tarif spécial pour Lisbonne, doit augmenter les revenus de l'État d'au moins 750:000$000 Reis.

Impôt sur les rizières. — La loi du 1er juillet 1867, basée sur des considérations de salubrité publique, décrétait la suppression complète de la culture du riz en Portugal. Si l'on persistait dans cette idée, après enquête, le Gouvernement décréterait immédiatement la destruction de tous les champs de riz cultivés sans autorisation ou lorsqu'il n'aurait pas été fait de demande légale, et il diviserait en deux catégories toutes les rizières cultivées sur des terrains non marécageux, les classant d'après leur insalubrité, et en supprimant les plus malsains, la première année, et les autres, les années suivantes. Il fixerait également un terme de huit années pour l'assainissement des terrains marécageux destinés à la culture du riz, de façon que cette culture cessât complètement à la fin de cette période. De cette manière, huit ou dix ans après la publication de ce décret, à dater du mois de juillet 1867, il ne resterait pas une seule rizière dans tout le pays. Et pourtant, vingt ans ont passé, et la culture du riz, à l'exception de quelques districts où elle a été abandonnée, continue et nous pouvons même ajouter hardiment qu'elle prend de l'extension. L'enquête faite en 1868 a démontré qu'il existait 1,172 champs de riz sur une superficie de 1,531 hectares. La nouvelle enquête, qui suivit les décrets du 22 novembre 1871 et du 31 janvier 1872, a donné 1,393 champs de riz sur 1,842 hectares.

Ces chiffres ne se rapportent qu'aux rizières autorisées, et l'Assemblée Centrale d'Assainissement public, dans son rapport du 29 mars 1873, portait que le principal accroissement de la culture du riz avait lieu surtout sur les terrains non autorisés. Pour cette raison, l'Assemblée proposa deux alternatives : la suppression des champs de riz, par zones, ou une levée d'impôts sur tous les terrains adonnés à cette culture. Elle repoussa la première de ces alternatives et adopta la seconde, pour des raisons très légitimes.

Cette proposition établissant des impôts progressifs, selon la nature et la situation du sol, dénotait un revirement remarquable d'opinion chez des personnes connaissant à fond la culture du riz. En effet, jusqu'à 1868, les idées scientifiques étaient entièrement opposées à toute culture du riz. On devait tout supprimer et ne tolérer ce genre de culture qu'en cas d'assainissement du sol, afin d'empêcher les terrains marécageux de redevenir des marais stériles, ce qui est souvent bien plus dangereux. A notre époque, on ne croit plus à ce traitement radical.

La culture du riz n'est certainement pas une chose saine, surtout lorsque la police rurale manque entièrement et que les ouvriers et les propriétaires sont négligents; mais il est évident que les champs de riz situés près des populations sont plus dangereux que ceux qui en sont éloignés et qu'il est plus blâmable d'inonder le sol qui est sain, que de cultiver les marais. Il est même prouvé que, dans certains cas, la culture du riz contribue à la santé publique, lorsqu'elle transforme des marais mixtes en champs de riz bien cultivés. Les autorités les plus compétentes recommandent qu'un impôt soit mis comme moyen pratique de borner la culture du riz à ses justes limites, afin de concilier, autant que possible, les intérêts de l'agriculture avec toutes les exigences de salubrité publique. Nous devons donc frapper de droits progressifs, de façon à ce que cela devienne une interdiction, lorsque nous y serons forcés par des considérations sanitaires tout en assurant un bon système de culture, toutes les fois qu'elle pourra être permise et même à l'encourager dans certaines circonstances.

Dans l'enquête de 1859 et celles qui suivirent, nous trouvons de précieux détails qui nous permettront d'établir la question. D'après les calculs faits alors, il paraîtrait que la culture du riz coûte 54$000 Reis par hectare, et que cette partie de terrain, si le sol est bon et bien cultivé, produit 37.6 hectolitres de riz qui, une fois battus, se réduisent à 1,500 kilogrammes; les dépenses étant de 7$300 Reis. Si l'on vend la récolte 120$000 Reis, le gain net sera de 58$700 Reis, et en déduisant les 39$000 Reis de droits, il ne reste que 19$700, gain moindre que celui du millet, qui n'épuise pourtant pas aussi rapidement le sol.

L'impôt de 39$000 Reis doit donc être considéré comme une interdiction.

De 39$000 Reis, ce qui correspond à 26 Reis par kilogramme de riz, l'impôt redescend graduellement jusqu'à 30$000 Reis, 20$000 Reis, 12$000 Reis et 6$000 Reis, ce qui correspond à 20, 13.3, 8.1 et 4 Reis par kilogramme respectivement.

Il nous reste à estimer le produit des droits ainsi établis.

Le classement des champs de riz cultivés fait en 1873 donnait : champs de riz en terrain marécageux : 4,653.3364 hectares; champs de riz en terrain salubre 3,448.0196 hectares, total :

8,101.3560 hectares. Mais cette étendue de superficie mentionnée dans les statistiques officielles est bien au-dessous de la vérité. En effet, la Société d'Assainissement retrouva plus tard 9,000 hectares et, en 1879, elle croyait que cette superficie pouvait bien être de 10,000 hectares au minimum. Nous croyons qu'à l'époque actuelle le terrain s'élève au moins à 12,000 hectares.

En supposant que les droits en absorbent 3,000 hectares sur les bons terrains ou avoisinant les populations, il nous en reste encore 9,000 hectares, et les régions marécageuses. qui recommenceront à être cultivés. Ces 9,000 hectares peuvent être divisés de la manière suivante : 2,000 hectares soumis à un impôt de 20$000 Reis, 4,000 hectares à 12$000 Reis et 3,000 hectares à 6$000 Reis. Nous obtiendrons ainsi un total de 106:000$000 Reis, augmenté du produit des 3,000 hectares de terrain marécageux, c'est-à-dire 18:000$000 Reis. Tel serait le résultat obtenu par les 3,000 hectares de terrain actuellement en culture, mais si nous n'atteignons pas ce chiffre, nous serons dédommagés par l'impôt sur le riz de provenance étrangère.

Nous pouvons donc calculer, dès à présent, que les droits imposés aux terrains affectés à la culture du riz, ne rapporteront pas moins de 124:000$000 Reis. Le *real de agua* imposé sur le riz du pays ne produisit, d'après les rapports des différentes régions, que 34:000$000 Reis, en 1884-85. En finissant avec cet impôt et en établissant le droit sur les champs de riz, nous éviterons les vexations et les difficultés d'encaissement. Plus tard, on pourra peut-être appliquer le même système au vin en supprimant les droits d'exportation.

Nous pouvons donc affirmer que les droits sur le riz donneront un surplus de 90:000$000 Reis sur le système actuellement en vigueur.

Impôts sur les loyers et sur les objets de luxe. —Les rapports exacts présentés dans les *Annuarios estatisticos da direcçao geral das contribuiçoès directas* pour 1887-8 indiquent les défauts et les irrégularités des impôts sur les loyers et les objets de luxe. Les derniers rapports confirment l'impression première, comme le prouvent les chiffres suivants :

ANNÉES	REVENU IMPOSABLE	VALEUR DES LOYERS	DIFFÉRENCE	PROPORTION
—	—	—	—	—
1877	6,695:396$069	4,108:253$229	2,587:142$840	61.36 pour cent.
1878	7,539:437$928	4,358:488$249	3,180:949$679	57.80 » »
1879	8,028:996$714	4,538:750$711	3,490:246$003	56.52 » »
1880	8,187:255$975	4,689:909$080	3,498:246$895	57.28 » »
1881	8,322:756$565	4,857:643$154	2,465:113$411	58.36 » »

Il est évident, quelque grande qu'ait été la diminution de la valeur des loyers par les dispositions sur le minimum et par les exceptions, qu'on ne peut pas admettre que ce chiffre ait été, pour les quatre dernières années, de 60 pour cent au-dessous du revenu imposable. Nous ne pouvons pas mieux admettre que la proportion entre l'un et l'autre soit moindre, puisque la revision des impôts sur les fermes a augmenté de beaucoup les recettes urbaines. Si la révision des cotes foncières, faite une seule fois, a augmenté le revenu imposable de 1877 à 1881, de 1,627:360$496 Reis, nous ne nous expliquons pas comment la révision annuelle des loyers ne pousserait l'impôt que jusqu'à 749:389$925 Reis. Comme la loi n'a pas été changée, il faut admettre que les maisons d'habitation ont été transformées en maisons de commerce ou qu'elles sont restées inhabitées ou louées à très bas prix ; ces réductions auraient une très grande importance, puisqu'elles représentent une somme de 877:960$571 Reis.

On retrouverait encore plus d'absurdités si l'on comparait les districts aux villes, même en ne parlant pas de la négligence des employés du fisc. En effet, dans le district de Lisbonne, où l'influence de la capitale est très sensible, le revenu imposable et la valeur des loyers montrent la progression suivante :

ANNÉES	REVENU IMPOSABLE	VALEUR DES LOYERS	DIFFÉRENCE	PROPORTION
—	—	—	—	—
1877	3,186:695$710	2,187:996 800	998:698$910	68.67 pour cent.
1881	4,118:515$187	2,687:079$774	1,431:435$413	65.25 » »

Ici nous voyons que tandis que le revenu imposable augmentait de 931:819$477 Reis, la valeur des loyers augmentait à peine de 489:182$974 Reis.

Nous avons pour le district de Porto :

ANNÉES	REVENU IMPOSABLE	VALEUR DES LOYERS	DIFFÉRENCE	PROPORTION
—	—	—	—	—
1877	1,345:386$760	783:194$568	562:192$192	58.21 pour cent.
1881	1,148:765$402	888:810$170	959:865$232	48.09 » »

Pour le district de Faro, les chiffres sont :

ANNÉES	REVENU IMPOSABLE	VALEUR DES LOYERS	DIFFÉRENCE	PROPORTION
1877	166:210$237	77:333$085	88:877$152	46.56 pour cent.
1881	204:480$786	89:013$075	115:467$711	43.60 » »

Ici, le revenu imposable augmente de 38:270$549 Reis et la valeur des loyers de 11:679$990 Reis ; progression beaucoup plus grande qu'à Porto.

Nous avons pour le district d'Evora :

ANNÉES	REVENU IMPOSABLE	VALEUR DES LOYERS	DIFFÉRENCE	PROPORTION
1877	162:419$048	87:304$550	75:114$498	53.88 pour cent.
1881	188:919$924	97:642$200	91:277$724	51.64 » »

Le revenu imposable a donc augmenté de 26:500$876 Reis et la valeur des loyers de 16:163$226 Reis, proportion plus grande que dans les trois autres districts.

En même temps, nous avons pour Beja :

ANNÉES	REVENU IMPOSABLE	VALEUR DES LOYERS	DIFFÉRENCE	PROPORTION
1877	177:011$155	106:455$490	70:555$665	60.11 pour cent.
1881	229:606$118	115:070$540	114:535$578	50.21 » »

Pour la grande augmentation du revenu imposable, qui est ici de 52:594$963 Reis, nous ne trouvons qu'une augmentation de 8:615$050 Reis pour la valeur des loyers ; et Beja qui, en 1877 était bien au-dessus d'Evora, a beaucoup baissé dans l'espace de quatre ans, comme cela s'est aussi produit pour Faro. D'un autre côté, un rapport présenté, il y a quelques années, sur le *Serviço* pour 1878, démontre le fait étonnant qu'il n'y avait à Lisbonne que 791 maisons payant de 200$000 Reis à 300$000 Reis de loyer et que le nombre de maisons payant au-dessus de 200$000 Reis de loyer ne se montait qu'à 1,525 tandis que 3,091 personnes payaient une *contribution foncière* de plus de 220$000 Reis.

Lorsque nous comparons les différentes communes, nous relevons des faits encore plus étonnants ; ainsi dans le district d'Aveiro, en prenant l'année 1881 et en comparant les quatre communes d'Aveiro, d'Estarreja, d'Oliveira d'Azemeis et d'Ovar, nous trouvons les chiffres suivants :

	REVENU IMPOSABLE URBAIN	VALEUR DES LOYERS
Aveiro	46:799$181	11:242$300
Estarreja	14:777$470	4:088$670
Oliveira de Azemeis	5:426$765	4:964$500
Ovar	4:930$627	3:290$600

Comment expliquer que, dans la commune d'Oliveira, la valeur des loyers égale presque le revenu imposable, tandis qu'à Aveiro l'un n'atteint pas le quart de l'autre? Ou comment la valeur des loyers d'Ovar s'élève-t-elle aux deux tiers du revenu imposable, pendant que dans la commune d'Estarreja il n'arrive pas au tiers?

A Beja, par exemple, nous avons :

	REVENU IMPOSABLE	VALEUR DES LOYERS
Almodovar	7:189$345	2:948$750
Alvito	5:901$751	3:460$000
Serpa	25:523$710	13:792$300
Vidigueira	12:486$100	9:58[illegible]$000

Dans le district de Braga :

Braga	77:129$966	69:623$600
Guimarães	42:074$443	31:682$400
Barcellos	16:330$434	6:367$750

Dans celui de Bragança :

Bragança	14:624$075	13:548$500
Mirandella	8:155$240	4:821$000
Macedo de Cavalleiros	5:752$840	5:796$500

Dans celui de Castello Branco :

Castello Branco	26:615$765	12:698$100
Certã	3:817$627	3:057$650
Fundão	15:475$280	6:140$900

Dans le district de Guarda :

Ceia	6:292$534	4:042$500
Gouveia	14:477$410	5:496$750
Pinhel	8:277$489	2.687$100
Figueira de Castello Rodrigo	4:226$190	5:849$100

Dans le district de Lisbonne :

Alcacer do Sal	19:062$255	7:656$186
Alemquer	29:005$785	13:717$000
Cezimbra	12:080$976	9:505$000
Setubal	67:456$172	50:516$500
Torres Vedras	11:407$439	15:869$670
Villa Franca de Xira	36:508$872	18:512$380

Dans le district d'Oporto :

Baião	5:692$370	1:669$260
Felgueiras	7:616$460	1:420$620
Louzada	2:145$400	1:112$800
Marco de Canavezes	5:706$158	602$200
Penafiel	11:110$090	12:669$440
Vallongo	4:576$260	4:803$900

Ces exemples et cent autres qu'on pourrait donner prouvent que la proportion entre la valeur des loyers et le revenu imposable ne dépend pas du nombre de la population, de sa fortune, de ses mœurs ou de sa situation, qu'elle soit septentrionale, centrale ou méridionale, mais seulement et exclusivement du zèle ou du savoir-faire des employés du fisc. Vu l'impossibilité où nous sommes, malgré tous nos efforts, d'améliorer notre personnel en une seule fois, nous ne devons permettre que la valeur des loyers tombe au-dessous des revenus imposables, excepté dans des cas d'exemptions autorisées.

Si nous pouvons réduire aux deux tiers la différence constatée en 1881 entre les deux montants, cela suffira à nous procurer, après une juste distribution de contributions, une augmentation de revenu de 97:000$000 Reis.

Il y a une autre lacune dans la répartition de l'impôt des loyers ; je veux parler de la différence considérable existant entre les sommes requises et les sommes payées effectivement.

Ainsi, pendant l'année financière de 1884-85, les paiements exigés furent, pour le Portugal continental, de 444:284$503 Reis, et les sommes reçues seulement de 386:193$743 Reis, soit une perte de 58:090$760 Reis, subie presque entièrement dans le district de Lisbonne, où le déficit s'éleva à 47:854$425 Reis.

Dans la *gerencia* suivante, les sommes requises s'élevaient à 451:369$606 Reis et les rentrées à 389:291$133 Reis seulement, soit une perte de 62:078$473 Reis, dont 49:502$603 Reis provenaient du district de Lisbonne.

Ce fait, qui se reproduit tous les ans, dépend évidemment du nombre de la population et de ses mœurs. Les changements fréquents de domicile, dans une grande ville, nous font perdre la trace des contribuables, et il devient impossible de recouvrer les impositions qu'ils devraient payer. Nous nous dédommageons de ces pertes en rendant les propriétaires responsables des impositions de leurs locataires. Cette mesure ne leur portera aucun préjudice, puisque le montant des impôts pourra faire partie du loyer. Si cette modification réduit les pertes de moitié, elle ne nous rapportera pas moins de 25:000$000 Reis; ainsi le produit des impôts somptuaires pourra s'élever peut-être à la somme de 122:000$00 Reis, sans peine et sans aucune augmentation d'impôts.

L'impôt sur le luxe, si étroitement lié aux impôts sur les loyers, est en pleine décroissance, et présente d'égales et même de plus grandes anomalies.

En 1877, les taxes réunies et leurs produits étaient :

	IMPOT TOTAL	ÉVALUATION LOCALE
Domestiques.	6.107	13:742$871 Reis
Chevaux de selle.	21.905	41:352$119 —
Voitures.	968	22:554$807 —
Armoiries	33	327$500 —

Ce tableau ne révèle pas toute l'étendue du mal, parce que ses chiffres ne se rapportent pas à des endroits connus et déterminés.

Le fait, néanmoins, qu'à Lisbonne il y avait seulement 1,772 personnes ayant des domestiques, et 295 seulement ayant 581 chevaux, tandis qu'à Oporto, leur nombre était respectivement de 793, dont 58 ayant 108 chevaux; que dans 107 des 263 communes du royaume, pas un seul habitant n'avait de serviteurs, 11 étant de la première classe et 42 de la seconde, et que dans 129, il n'y avait pas une seule voiture payant de droit; la particularité de ce fait que quelques districts possédaient des voitures, mais sans serviteurs ni chevaux; le grand nombre de réclamations et de plaintes contre un droit de si mince produit, la continuelle diminution des rentrées, toutes ces raisons démontraient la nécessité de refondre, ou tout au moins de modifier le système du prélèvement de ce droit.

Ce changement en un autre système qui serait plus rationnel en théorie, et moins difficile et vexatoire en pratique, serait naturellement meilleur en quelque autre époque politique et financière ; mais aujourd'hui il serait plus judicieux de limiter la réforme à une forte diminution de droit; mais avec une plus grande facilité de perception et des règlements plus sévères pour prévenir la fraude.

En conformité de ces idées sur les deux droits en question, j'ai rédigé le projet de loi qui est aujourd'hui soumis à l'examen du Parlement.

Faute de données exactes qui nous permettraient d'estimer avec précision les résultats d'une réforme de droit somptuaire, nos plus habiles fonctionnaires pensent cependant que le changement ne produirait pas moins de 28:000$000 à 30:000$000 Reis. Dans ce cas, la loi proposée à ce sujet augmentera les recettes du Trésor de 150:000$000 Reis, sans aucun accroissement, mais plutôt avec une diminution de taxes.

Impôt sur les métiers et les professions. — Les modifications proposées pour cet impôt sont insignifiantes; elles se bornent à quelques surcroîts qui en facilitent la perception et à quelques modifications dans les tableaux. Parmi celles-ci se trouve le droit sur les experts ou arbitres légaux, qui élèvera considérablement le revenu.

Il existe, en fait, 153 *comarcas* dans les districts du ressort de Lisbonne, Oporto et les Açores; et, si nous établissons une moyenne de cinq arbitres pour chacun d'eux, nous aurons un total de 765 de ces fonctionnaires, dont les émoluments de chacun d'eux peuvent, d'après cette moyenne, se chiffrer par 200$000 Reis, et ainsi nous obtiendrons environ 80:000$000 Reis pour *direitos de mercê (émoluments)* et timbres, et à 26:000$000 Reis par an, le montant du droit sur ces professions.

De plus, la création des arbitres officiels, avec les obligations qui leur sont imposées, aura le grand avantage, au point de vue financier, de nous fournir un *cadastre* d'un caractère tout à fait comparatif. On exigera qu'ils aient des livres fournis par le juge de chaque *comarca*, et dûment légalisés, pour y enregistrer la valeur des fermes qu'ils auront à estimer, avec tous les détails de leurs valeurs relativement aux impôts. En peu d'années, nous aurons ainsi obtenu la principale donnée pour constituer le *cadastre* de la propriété.

Decima de juros. — Cet impôt existe aujourd'hui à l'état d'anachronisme dans la législation, et il est destiné à disparaître dans quelque grande réforme qui se produira dans notre système de taxe. Le projet de loi que j'ai eu l'honneur de soumettre à votre examen ne s'étend pas si loin dans l'avenir, parce que le moment n'en est pas opportun. Je n'ai simplement en vue que de modifier le régime de cette contribution pour prévenir les abus et améliorer le mode de perception. J'espère même qu'en me bornant à cela, elle aura pour résultat une augmentation de revenu qui ne sera pas à dédaigner.

Impôt sur les distilleries d'eau-de-vie. — Par décret du 3 juin 1880, les distilleries d'eau-de-vie érigées, en dedans des barrières de Lisbonne et d'Oporto paieraient, au lieu *du consumo ou real de agua*, dans la première ville, 17 *taxas* de l'impôt industriel des marchandises, et dans la seconde, 13 1/2 *taxas*.

La loi du 25 juin 1882 créait un impôt s'élevant à 250 Reis par chaque *décalitre* d'eau-de-vie faite dans une distillerie, et en plus des droits déjà existants, excepté les 6 0/0 additionnels; mais cet impôt n'était jamais perçu, par suite de l'absence de règlements spéciaux.

La loi du 6 juin 1884 abolissait le droit de 250 Reis par *décalitre*, et lui substituait, dans Lisbonne, 14 *taxas* de l'impôt industriel, et dans Oporto, 13 1/2 *taxas*. A la même époque, le *consumo*, impôt sur l'eau-de-vie, était de 750 Reis par *décalitre* dans Lisbonne, 600 Reis dans Oporto, et 500 dans le reste du royaume.

Les distilleries d'eau-de-vie établies dans Lisbonne payaient en 1885 et 1886 une somme de 685$440 Reis à titre de contribution industrielle, laquelle somme, divisée par 750 Reis, démontre que leur production fiscale annuelle était de 620 *décalitres* ou 18 pipes d'eau-de-vie. Rien ne saurait mieux prouver l'impossibilité du maintien d'une telle législation. Pour Oporto, l'expérience est également décisive, car les sept distilleries payaient ensemble, en 1886, 425$250 Reis de contribution industrielle, ce qui équivaut à une production de 7,087 litres, ou 14 pipes.

Pour mettre fin à cet état de choses, qui constitue un véritable monopole en action pour l'approvisionnement de Lisbonne et d'Oporto, et qui est nuisible au Trésor et à l'exportation du vin, je renouvelle la proposition de mon illustre prédécesseur, et j'abolis les exceptions établies par l'article 20 des tableaux des contributions industrielles, à la date du 31 juillet 1880,

Prélèvement des impôts à Lisbonne. — Le mode de la levée des impôts, à Lisbonne, fut toujours défectueux, et il a empiré depuis la nouvelle circonscription de la cité, par ses divisions en dedans de son enceinte; d'où nous pouvons conclure qu'il est à la fois onéreux et mauvais. Les difficultés qu'ont rencontrées la perception et les versements de ces impôts, opérations si faciles quand il s'agit de compagnies de gaz ou d'eau, seraient une raison suffisante, s'il n'en existait pas d'autres, pour adopter un changement de système en établissant un bureau central, avec embranchements aux points convenables, au lieu des offices actuels de perception dans l'enceinte.

La proposition que je soumets, à cet égard, réserve tous droits et ne conduit à aucune augmentation de dépenses. J'espère même qu'il nous sera possible de faire une économie, petite au début, mais plus grande à l'avenir.

Conversion et rachat de la Dette publique. — L'article 10 de la loi du 10 avril 1876, dispose que les profits de la Caisse Générale des Dépôts, prélèvement fait des frais d'administration et de gestion, soient employés au rachat et à la consolidation de la dette publique; les titres étant acquis dans ce but, sur le marché, et détruits par la Junta du crédit public.

En vertu de ce décret, les profits nets applicables à l'acquisition de ces fonds, s'élevaient, dans les sept *exercicios*, de 1878-79, à 1884-85, à 480:506$605 Reis; et il restait encore cependant à appliquer au même objet, la balance des profits et pertes, qui, le 30 juillet 1885, s'élevait à près de 90:000$000 Reis. Dans l'état actuel de la Caisse, en effet, susceptible d'amélioration ultérieure, on peut compter sur une somme annuelle de 100:000$000 Reis, profitable au rachat de la dette publique. Certainement, si l'on capitalisait ces annuités, pendant 75 ans par exemple, on effectuerait ce rachat pour la somme énorme de 199,790:000$000 Reis, si la Junta du Crédit Public pouvait acquérir les titres sur le marché à 54 0/0. Mais la très grande importance de ce rachat démontre l'impossibilité d'acheter dans de semblables conditions. En résumé, comme le total de la conversion de la dette intérieure, au 30 juin 1886, s'élevait à 272,423:000$000 Reis, nous pouvons voir facilement, en déduisant la valeur des titres gardés par le trésor, ceux qui sont dans un perpétuel état d'immobilisation et une partie de ceux qui ne le sont que temporairement, que la puissance du rachat absorberait entièrement la dette dont il est ici question. Que si les cotes s'élevaient en proportion de l'absorption, nous serions forcés de la racheter à des cours très élevés, et même jusqu'au pair.

Ainsi, la plus simple réflexion démontre, l'impossibilité du maintien du système légal de 1876, et aussi, la nécessité de trouver une substitution d'un caractère plus rationnel, qui amènerait sinon immédiatement, du moins en un temps assez rapproché, un soulagement pour le crédit public.

En ce qui concerne la dette extérieure, l'opération devra consister dans la conversion de notre 3 0/0, bons perpétuels en obligations, rachetables en 75 ans et dont l'intérêt sera combiné de façon à ce que le taux des nouvelles obligations ne soit jamais plus élevé que celui des bons achetés. En supposant qu'ils soient égaux, il serait alors pourvu à leur rachat par la Caisse Générale des Dépôts. Si les taux des intérêts des obligations sont au-dessous de ceux des bons convertis, la différence nous permettra de pourvoir entièrement, ou en partie, au profit du rachat. Et il peut même arriver, si les opérations sont effectuées en moment opportun, que nous puissions bénéficier sur le prix de la vente des obligations, en proportion du prix de rachat de 3 0/0, Bons.

Un exemple suffira pour élucider la question, bien qu'il paraisse d'abord difficile de l'expliquer à ceux qui n'ont pas l'habitude de faire des calculs de ce genre Supposons que le Trésor achète des *Bonds* 3 0/0 pour conversion, au taux de 55 0/0. Dans ce cas, s'il peut placer des obligations 5 0/0 remboursables en 75 ans au prix de 84$680,7 Reis, la dépense annuellement exigible sur l'intérêt des bons rachetés suffira pour payer l'annuité entière — intérêts et amortissement — des obligations nouvellement créées. Si le prix fixé des obligations était 80$759,6 Reis, le Trésor en faisant usage des 100:000$000 Reis qui constituent le profit de la Caisse Générale des Dépôts, pourrait convertir 68,655:380$000 Reis, (valeur nominale) en Bonds de 3 0/0; si ce prix s'élevait à 82$466,4 Reis, la valeur nominale des Bonds convertis s'élèverait à 124,144:820$000 Reis, et, finalement, si le prix monte à 84,240.1 Reis, le montant nominal de la conversion sera 637,393:300$000 Reis, ce qui dépasse tout le montant de la valeur nominale de la dette consolidée du Portugal.

Naturellement, il doit, de tout temps, exister une corrélation entre les cotes du 3 0/0 consolidé et celles du 5 0/0 obligations; si à un moment donné, elles sont favorables, ou à un autre défavorables à l'opération que nous avons indiquée, ce sera le devoir du gouvernement d'observer pour le mieux et de saisir ces éventualités à mesure qu'elles se produisent, en se proposant, ce qui est nécessaire, d'y veiller d'une manière permanente avec pleins pouvoirs du Parlement. Durant la dernière année financière, deux occasions favorables se sont présentées d'elles-mêmes, mais on ne put point en profiter, faute d'autorisation législative.

Comme règle, il ne serait pas désirable que le Trésor fît dériver quelques recettes extraordinaires de la conversion ; mais si, dans une occasion spéciale, il désirait se prévaloir de ce droit, il serait tout à sa portée, et le fait pourrait même accidentellement se présenter. Un autre exemple le démontrera aussi.

A un moment donné, le Gouvernement entrevoit la chance d'émettre les obligations 5 0/0 à 83$400 Reis et d'acheter des

Bonds 3 0/0 à 55 0/0. D'abord l'opération est réalisable, si nous délivrons aux porteurs des bons les nouvelles obligations 5 0/0 à 82$466.4 Reis, parce que leur intérêt réel sera de 5.5 pour cent, tandis que sur les Bonds, il sera seulement de 5.45 0/0. Le Trésor gagnerait ainsi 933.6 Reis par obligation.

Maintenant, pour convertir 125,144:820$000 Reis de la Dette extérieure consolidée, il nous faut 827,969.3 obligations; donc, le Trésor bénéficierait : premièrement, en convertissant une dette perpétuelle en une dette amortissable sans augmentation de charges pour le Trésor ; secondement, en diminuant le capital de la dette de l'énorme somme de 49,627:583$000 Reis; fait bien plus important pour notre crédit, et troisièmement par un gain de 142:992$000 Reis sur cette opération. Naturellement ce profit pourrait s'accroître encore beaucoup si le Trésor, se servant du même nombre d'obligations, convertissait un plus petit capital d'Etat 3 0/0 ; mais il ne faudrait pas avoir recours à cet expédient.

Appliquant ce système à la Dette extérieure, au moyen duquel le rachat devrait commencer, nous avons encore à considérer ce qui serait à faire à l'égard de la Dette intérieure. En supposant que les profits de la Caisse Générale des Dépôts soient épuisés, le même système serait encore avantageux aussi longtemps que les charges des obligations émises n'excéderaient pas l'intérêt des rentes converties. Et bien plus, dès que la situation du Trésor permettrait de l'effectuer sûrement, les bons intérieurs appartenant au Trésor, devraient être amortis. Et enfin, nous devons, une fois pour toutes, annoncer la conversion de ces titres perpétuels en annuités sur une ou deux vies fournissant, des sommes spéciales au budget, qui chaque année, exigeront de faire face au surcroît des dépenses temporaires. Tout ce que nous pourrons faire sans troubler l'équilibre de notre budget, pour réduire le chiffre de la dette publique, sera d'un grand et direct avantage pour l'avenir de notre crédit, et une économie sur les dépenses publiques en sera le fruit, en laissant, aux mains de nos successeurs, un riche héritage.

Construction de routes. — A la date du 30 juin 1836, les routes construites à travers le royaume, avaient une étendue de

4,694 kilomètres de grandes voies de première et deuxième classe et comme la totale extension du réseau doit être de 6,600 kilomètres, 1,906 kilomètres restent encore à faire, sur lesquels 267 kilomètres sont en cours de construction; 844 kilomètres sont tracés, mais non encore commencés, et 795 kilomètres en projet.

Il n'a pas été possible, avant 1867, d'établir quelle dépense incombait à la construction des grandes routes, parce que, à cette date, les détails n'étaient pas classés. Nous savons, néanmoins, qu'entre le 1er juillet 1870 et le 30 juin 1884, 1,599,876 kilomètres avaient été construits, pour une somme de 9,631:445$698 Reis. Le coût était donc de 6,020$125 Reis par kilomètre. Cependant si nous défalquons du prix général de leur construction tous les travaux d'art d'un coût supérieur à 12:000$164 Reis, la moyenne du prix par kilomètre descend à 5:065$164 Reis.

En admettant que le coût soit de 6:020$125 Reis, nous pouvons en conclure que le coût des 1,906 kilomètres à compléter, s'élèvera, d'après le système adopté en 1852, à 11,474:358$250 Reis.

Dans les îles, au 30 juin 1884, 386,2146 kilomètres seulement avaient été terminés, et il en restait encore à faire, sur le réseau en projet, 775.4277 kilomètres, sur lesquels 28.2749 étaient en voie de construction; 197.4528 tracés, et 549.7000 à désigner. Si nous admettons que le coût, dans les îles, sera le même que sur le continent, nous aurons une dépense totale pour le réseau insulaire de 4.668:171$682 Reis.

Donc le coût total, pour compléter le réseau des grandes routes, s'élèvera à 16,142:429$932 Reis.

Au 30 juin 1886, il avait été construit 2,880 kilomètres de routes d'arrondissement, et comme la totalité du réseau devait être de 8,500 kilomètres, il restait encore à en construire 5,620 kilomètres, dont 327 tracés et 4,625 non encore désignés.

La dépense totale de ces routes, entre le 15 juillet 1862 et le 31 juillet 1886, était de 9,123:759$099 Reis qui, répartie sur 2,7021 kilomètres, établissait un coût moyen de 3,376$543 Reis pour chacun d'eux. Donc l'achèvement du travail exigera une dépense de 18,976,171$660 Reis, en surplus.

En résumé, nous aurons fini le réseau tout entier des grandes routes et des routes d'arrondissemnt, moyennant une dépense de 35,118:701$592 Reis.

Nous devons dire aussi quel temps nous demandera leur construction, en supposant qu'il soit le même que par le passé.

L'article de 754:000$000 Reis, figurant dans le dernier budget extraordinaire des grandes routes, implique que leur achèvement exigerait 23 années. Néanmoins, ce n'est pas chose facile que de déterminer le temps probable, en ce qui concerne les routes d'arrondissement. Il est certain qu'en 24 ans nous en avons construit, chaque année 112.5 kilomètres, et que si nous continuons sur ce pied, le réseau tout entier sera terminé en 48 années, à partir de 1886; mais cette supposition n'est admissible qu'autant que les ressources des districts ne seraient pas épuisées; car, dans ce cas, la marche des travaux subirait bientôt un ralentissement analogue.

Nous pouvons donc prendre 48 ans comme le plus bas minimum probable. Il n'est pas douteux que l'espace de 23 ans pour l'achèvement des grandes routes et de 48 ans pour celui des routes d'arrondissement ne paraisse d'une longueur excessive. Mais là n'est pas le seul inconvénient du système employé. La principale difficulté se rencontre dans le prix par trop élevé, établi par kilomètre de construction. Ces résultats tiennent à diverses causes, telles que la grande morosité des travaux et les grandes dépenses qui en découlent; leur répartition par petites fractions, qui prend des années pour l'achevement des travaux; la grande dépense pour le personnel fiscal, les considérations politiques et les influences de diverses natures, l'inutile largeur des grandes routes et les onéreuses conditions qu'imposent les rampes et les pentes des parties montagneuses.

En appliquant les dispositions du décret du 10 septembre 1886, c'est-à-dire en exécutant systématiquement les travaux; en construisant intégralement à la fois et en même temps, les routes par grandes sections, en mettant ces constructions aux enchères publiques, nous pouvons raisonnablement supposer que le coût moyen pourrait descendre jusqu'à 4:500$000 Reis par kilomètre pour les grandes routes et à 3:000$000 Reis pour les routes d'arrondissements.

Ainsi le coût du réseau tout entier n'excéderait pas 22,984:000$000 Reis et pourrait même être encore réduit considérablement, par la suppression de la construction de plusieurs routes que leur parallélisme avec les chemins de fer rendent inutiles. Si nous adhérons néanmoins aux articles prévus, ainsi que nous le conseillent largement les nouveaux projets qui peuvent survenir, nous sommes certains de l'entier achèvement du réseau en dix-huit années et avec une dépense annuelle de 1,600:000$000 Reis. Le pays en retirerait deux grands avantages, celui de jouir plus tôt de ces moyens de communication, et celui qui nous épargnerait 6,195:000$000 Reis sur le coût de ces routes.

Il nous reste encore à trouver moyen de mener à bonne fin cette entreprise, sans jeter la perturbation dans l'équilibre du budget. Ce moyen nous vient naturellement à l'idée. Il suffirait, chaque année, de mettre à l'enchère la construction par de grands entrepreneurs d'un certain nombre de kilomètres de route d'un coût de 1,608:000$000 Reis, d'émettre, en même temps, autant d'obligations qu'il serait nécessaire, remboursables à courte échéance, et de comprendre dans le budget ordinaire toutes les charges d'intérêt et de rachat afférentes à ces obligations.

En supposant que nous fixions à 5,5 0/0 l'intérêt de l'émission et à 1 0/0 celui du rachat, ce qui est beaucoup, le rachat pourrait s'effectuer en 35 années, à partir de 1894-5, c'est-à-dire jusqu'à 1929-30. Comme il convient que les obligations puissent être amorties dans la même période de temps, nous voyons que celles émises en 1887-8 doivent expirer en 52 ans et ainsi de suite, graduellement, diminuant d'une année par séries, jusqu'à la fin. Nous comptons en conséquence, dans le budget de 1887-8 une annuité de 93:794$558 Reis, dans celui de 1888-9 187:930$076 Reis et dans celui de 1889-90, 282:437$973 Reis.

L'annuité s'accroît d'année en année, jusqu'à la dix-huitième ;

mais de si peu qu'il ne peut en résulter aucun grave inconvénient.

Nous avons aussi à nous préoccuper de la construction des routes municipales. Il en avait été construit en Portugal même, à la date du 30 juin 1884, 2,363.605 kilomètres; 13,943.449 kilomètres restaient à terminer, dont 444.742 étaient en voie d'exécution; 650.507 déjà tracés et 12.848 non encore désignés.

Dans les îles on avait achevé la construction de 167.1754 kilomètres; et 2,016.0585 étaient à compléter; dont 10,0453 étaient en construction, 1.0132 tracés et 2.005 environ, encore non désignés.

Le Trésor doit contribuer à la construction de celles-ci par une subvention d'un tiers, à l'exclusion des expropriations.

A en juger par la dépense des années précédentes il suffira que vous consentiez, dans le budget ordinaire, aux provisions de 80:000$000 Reis, somme qui pourrait augmenter selon les circonstances.

Boulevard autour d'Oporto. — La voie fiscale actuelle, autour d'Oporto, est dans une très mauvaise condition pour la répression de la fraude. Construite, comme elle l'est, par fractions de routes et de rues étroites, tortueuses, ouvertes dans toutes les directions, leur garde exige un nombreux personnel, qui ne pourra jamais bien faire le service, à quelque degré qu'on l'augmente. Récemment, la voie fut modifiée pour l'amélioration fiscale; mais même dans ces conditions elle n'inspire pas une confiance suffisante.

Depuis longtemps déjà, la municipalité d'Oporto avait formé le projet d'entourer la ville d'un grand boulevard, en vue de son amélioration et de son embellissement; et, en même temps, de faciliter le prélèvement des droits du *consumo* frappés par la ville, et aussi les impôts du *Real de agua*. On estime que le boulevard projeté coûterait environ 300:000$000 Reis; et la municipalité se propose de contracter un emprunt pour l'exécution de ce travail.

Si cette voie publique est aussi utile pour le gouvernement qu'elle le sera pour la municipalité d'Oporto, il ne sera que juste, de la part du Trésor, de favoriser l'entreprise au moyen d'une subvention égale à peu près à la moitié des dèpenses qu'elle entraînera, et applicable à l'intérêt et aux frais de rachat de l'emprunt municipal qui sera contracté. La diminution des dépenses dans le service municipal et la recette plus forte du *Real de agua* dédommagera amplement le Trésor du léger sacrifice qu'on lui demande.

Dans ce but, un projet de loi a été expressément rédigé.

Budget rectifié de 1886-87.

En conformité des remarques déjà faites, le budget rectifié du présent exercice, qui doit vous être soumis, présente les résultats suivants :

	DÉPENSES ORDINAIRES	DÉPENSES EXTRAORDINAIRES
Ministère des finances :	—	—
Dépenses générales. . . . . Reis.	4,654:100$460	
Services spéciaux	3,159:280$737	137:110$791
Ministère de l'Intérieur	2,001:811$971	27:605$680
Ministère de la Guerre.	4,987:591$145	773:705$450
Ministère de la Marine :		
Marine.	1,938:918$113	300:000$000
Colonies.	106:000$000	1,232:105$500
Ministère des Affaires étrangères.	350:632$036	
Ministère de la Justice.	713:005$530	
Ministère des Travaux publics . .	2,998:419$199	5,653:073$792
Junta du Crédit public		6:750$000
Dette publique	14,862:014$751	
Caisse générale des dépôts et Economica portugueza	41:402$500	
Reis.	35,813:176$442	8,130:351$213
RECETTES.	34,200:282$500	119:500$000
DÉFICITS. . . . . Reis.	1,612:893$942	8,010:851$213
DÉFICIT TOTAL. . . . . Reis.	9,623:745$155	

Il n'est pas douteux que les dépenses de ce budget auraient pu être considérablement réduites, si nous n'avions pas désiré de lui donner expressément le caractère d'un règlement définitif. C'est pour cela que nous y avons compris plusieurs articles extraordinaires qui augmentent de beaucoup les dépenses, afin que tout ce qu'il nous est possible d'acquitter pour le passé puisse être payé dans le courant de cette année financière. La grande augmentation de déficit de cet exercice et de ceux qui l'ont précédé, servira de leçon pour apporter plus d'ordre et de soin dans l'administration des finances publiques.

Tout en trouvant nécessaire de régler les anciens comptes, nous avons aussi compris la nécessité du prompt achèvement des chemins de fer du Douro et d'Algarve.

Les charges résultant de cette liquidation (pour 1886-87), n'affectent en aucune manière l'exercice de 1887-88, parce que nous avons largement inscrit au budget les charges de la dette flottante.

Budget extraordinaire.

Le budget extraordinaire donne les résultats suivants:

MINISTÈRE DE LA GUERRE

Dépenses pour les émigrés espagnols	4:000$000
Routes militaires et fortifications de Lisbonne.	120:000$000
Travaux de casernes.	20:000$000
Matériel des ponts	5:000$000
	149:000$000

MINISTÈRE DE LA MARINE

Constructions et réparations des vaisseaux de guerre, salaires extraordinaires	150:000$000
Artillerie et autres armements	20:000$000
Bâtiments du ministère de la guerre et magasins	20:000$000
	190:000$000

DÉPENSES COLONIALES

Déficit colonial	715:000$000
Missions civilisatrices	10:000$000
Afrique de l'ouest, câble sous-marin	50:000$000
Garantie du chemin de fer de Mormugão . .	121:000$000
	896:000.000

MINISTÈRE DES TRAVAUX PUBLICS

Port artificiel, Ponta Delgada.	80:000$000
Port artificiel, Horta	30:000$000
Port artificiel, Funchal	170:000$000
Port artificiel, Leixões.	660:000$000
Exposition industrielle de Lisbonne.	25:000$000
	965:000$000

Ce budget s'élève à 2,200:000$000 Reis et comprend de grandes dépenses qui sont essentiellement extraordinaires, mais qui, en réalité, accusent un accroissement de fortune nationale, telle que les routes militaires de Lisbonne, les ports artificiels de Ponta Delgada, Horta, Funchal et Leixões, et le chemin de fer de Mormugão, qui s'élève à 1,171:000$000 Reis. Du reste, il en est peu de ces dépenses qui continueront longtemps encore, mais elles seront remplacées par d'autres. Entre tous, le déficit colonial, estimé à 775:000$008 Reis, se distingue précisément parce que l'année a été favorable à l'agriculture dans les colonies, ce formidable article des dépenses ne peut être admis que comme transitoire, et mes illustres collègues du Ministère de la Marine vous soumettront les mesures nécessaires pour assurer sa prompte disparition de nos budgets. Les colonies témoignent toujours des vieilles gloires du Portugal; mais elles devront aussi, quand leur administration aura été réorganisée, devenir un futur élément de force au lieu de demeurer une charge parmi les services de nos budgets.

Nous le répétons, le budget extraordinaire devrait pourvoir seulement aux dépenses imprévues, telles qu'il s'en présente souvent, mais sans revenir toujours ainsi, d'année en année : ce qui équivaudrait à ce que le monde industriel appelle « dépenses pour premier mouvement d'affaires », et en outre applicables aux éventualités qu'il ne nous est pas possible de prévoir.

Quant aux charges des première et troisième catégories, il n'est pas juste d'adopter la maxime : « Les dépenses extraordinaires doivent permettre un recours extraordinaire au crédit », maxime si fréquemment appliquée dans tous les pays pour dissimuler la mauvaise situation du budget. Pour les dépenses de la seconde catégorie, celles de premier établissement, qui favorisent lé développement de la richesse nationale, le recours aux emprunts n'est légitime qu'autant que cette charge n'excède pas les ressources économiques du pays.

Si nous considérons ainsi le Budget Extraordinaire que j'ai eu l'honneur de soumettre au Parlement, il paraît parfaitement légitime, et de bonne administration financière, de faire usage de crédit pour toutes les dépenses que nous avons déjà estimées à 1,171:000$000 Reis. Pour les autres catégories, ces dépenses resteraient seulement à 1,029:000$000 Reis. En ce qui concerne celles-ci, nous devons nous assurer si nos finances sont maintenues en bon état, afin de pourvoir à tout, ou au moins à presque tout, par l'élasticité du Budget Ordinaire. Dans les contrées qui sont très avancées, où il n'y a pas à pourvoir à tant de besoins urgents; les excédants du budget ordinaire, qui sont d'habitude chose toute naturelle, doivent toujours être appliqués au payement des dettes précédemment contractées, ou à l'allègement des charges qui leur incombent. Mais quand les nations, comme c'est notre cas, traversent une période de grande transformation économique, l'importance des améliorations à effectuer leur impose le devoir de transférer ces surplus, qui sont l'élément essentiel de toute prospérité financière, au Budget Extraordinaire, ou de les appliquer à de prudentes réformes dans les services publics qui sont le plus en souffrance.

Pour le moment, sans préjudice de nos progrès futurs, et nous souvenant des grandes réformes introduites dans les services, au cours de ces dernières années, nous devons nous limiter nous-mêmes, à cet égard, à de modestes entreprises qui n'augmentent pas nos dépenses, ou qui soient promptement susceptibles de créer un revenu qui leur soit propre, sans charger le contribuable.

Pendant quelques années encore — qui seront peu nombreuses, si nous en jugeons par le rapide développement de notre richesse publique — nos finances doivent être des finances de *recueillement* soumises à un régime de vigoureuse hygiène curative et même préventive.

Donc, tout ce que le budget ordinaire peut raisonnablement laisser à notre disposition, doit être strictement, rigoureusement, implacablement utilisé à l'extinction ou à la diminution du déficit de 1,029 *Contos* que, en réalité, nous montre le budget extraordinaire. Quel est donc l'excédant que nous pouvons présumer ?

Tous mes prédécesseurs ont tenu compte d'un important article qui figure comme surplus dans le budget. Je veux dire des économies réalisées par des vacances, soit qu'elles proviennent du retard à exécuter les nominations qu'on fait de temps à autre, soit d'une diminution de personnel supplémentaire par décès ou par passage dans le personnel titulaire. Il est possible que les économies puissent figurer dans quelques-uns des articles proposés, mais il ne faudrait pas trop compter sur elles — du reste, bien faible secours, en présence des besoins multiples du gouvernement. Je pense qu'il vaut mieux rester dans les limites de la prudence, comme mes illustres prédécesseurs, et estimer à 200 *Contos* de Reis la valeur des vacances qui se produisent ainsi dans un an.

Nous avons, d'ailleurs, la naturelle augmentation du revenu qui, dans ces dernières années, est devenu sensible, et à un degré vraiment remarquable. Cette augmentation peut être regardée seulement comme une éventualité si nous la portons comme rentrée en excédant de l'année courante ou de celle qui l'a précédée ; deux années vraiment prospères ; mais il faut réfléchir qu'en règle générale, nos recettes sont estimées dans le budget sur une moyenne des trois années : 1883-4, 1884-5, 1885-6, dont la dernière dépasse la moyenne des trois de 944 *contos* ; et les rentrées pour 1886-7 sont encore plus favorables, parce que pendant neuf mois seulement nous avions déjà assuré la grande augmentation de 1,200 *contos* de Reis par les rentrées des principaux bureaux de douane. Il me semble donc que je ne m'écarte pas des limites d'une rassurante probabilité, en laissant à 700 *contos* le montant des recettes qui sera en excès de celles qui sont portées au budget.

Le nouveau règlement sur le droit d'enregistrement, récemment promulgué, doit amener un revenu considérable sans augmenter les charges, parce qu'il hâtera la liquidation de centaines de demandes de procès à « titre gratuit » qui dorment encore dans les bureaux du ministère des finances. Ceux qui sont familiers avec ces matières estiment que les rentrées ne seront pas inférieures à 200 *contos*, mais je suis prêt à les prendre à 125 *contos*.

Par un décret dont les dispositions sont aujourd'hui entièrement mises à exécution, des ordres étaient donnés dans tout le royaume de procéder à l'examen des arrérages, afin de supprimer ceux qui sont absolument irrécouvrables et de hâter la prompte perception des comptes en souffrance. Si cette opération ne produit que 125 *contos* par an, ce sera contre l'expectative de tout le monde.

Le Ministère de la Justice a préparé des règlements pour les estimateurs officiels qui ont été créés. Ces règlements augmenteront les recettes du Trésor et parce qu'ils figurent dans le tableau des droits sur les métiers et parce qu'ils paieront pour *Emolumentos*, timbres et droits d'honoraires lors de leur nomination; et cette dernière augmentation ne sera pas moindre de 80 *contos*, sur lesquels, dans un an, nous en obtiendrons au moins 20.

Avec ces ressources nous arrivons à un total de 1,170 *contos* de Reis pour faire face à ce que j'ai appelé avec raison le déficit extraordinaire de 1,029 *contos* ; ce qui laisse un excédant de 141 *contos*, qui, avec les recettes probables du chemin de fer de Mormugão, s'élèveront à 199 *contos*. Nous prélèverons sur ceux-ci 70 *contos* applicables aux charges de l'emprunt de 1,171 *contos*, auquel nous devons avoir recours de manière à balancer l'excédant du budget extraordinaire ; 129 *contos* seront laissés pour l'imprévu ou pour réduire le crédit auquel il faut recourir.

Deux genres d'objections pourront peut-être se produire contre ces moyens de tourner la difficulté relative à notre budget extraordinaire, mais deux d'entre eux, selon moi, peuvent être aisément appliqués.

On pourrait alléguer qu'il est inutile de continuer la route militaire de Lisbonne, les ports artificiels de Horta, Funchal, Ponta Delgada et Leixões et les chemins de fer de Mormugão, d'une manière différente de celle des grandes routes et des routes d'arrondissements. Je réponds à ceci que, traitant surtout d'entreprises d'un caractère transitoire, leur dépense ne saurait se reproduire, et qu'en ce qui concerne les travaux de Ponta Delgada et de Horta, les mesures voulues seront prises, par le Ministère des Travaux Publics, pour changer de système, en vue de sauvegarder les deniers publics et de hâter l'achèvement des travaux de ces ports. On croirait difficilement, en effet, que les travaux si coûteux de Horta et Ponta Delgada n'ont été faits sur aucun plan spécial, et que cette dernière entreprise fut dirigée par un fonctionnaire dont la capacité était inférieure à l'importance du travail.

On peut aussi alléguer que tels événements non prévus peuvent se produire qui abaisseront notre revenu et augmenteront nos dépenses. Mais les probabilités défavorables sont moins nombreuses que les favorables; et il semble plus naturel de croire à la continuation de l'état naturel des choses et de compter sur une année encore plus heureuse que ses devancières.

D'ailleurs, comme le Budget ordinaire présente un excédant de 64:000$000 Reis et le Budget qui est vraiment extraordinaire en présente un de 129:000$000 Reis, nous sommes en mesure de faire face à tous événements imprévus, pour ne rien dire de l'accroissement de revenu qui doit suivre la revision des taxes sur la propriété. Et, en fin de compte, si ces probabilités sont corroborées par la situation actuelle, le Gouvernement, quand le budget viendra en rectification, pourra facilement trouver le moyen de combler le petit déficit qui se serait produit.

De toutes ces considérations il ressort la certitude que l'avenir financier du pays se présente lui-même tout à fait sans l'ombre de danger, ni même de difficulté, de quelque importance que ce soit.

Messieurs, la situation que j'ai trouvée à la fin du mois de février de l'année dernière, lorsque j'ai pris le portefeuille des Finances, était certainement loin d'être bonne. Le Budget rectifié pour l'exercice 1885-86, présenté par mon illustre prédécesseur, révélait un déficit ordinaire de 1,679:509$699 Reis, et un déficit extraordinaire de 7.284:836$903 Reis; soit, pour les deux déficits, un total de 8,964:346$602 Reis.

Il est vrai que le budget de 1886-87 présentait un déficit ordinaire de 1,747:579$028 Reis seulement, et un déficit extraordinaire qui n'était que de 4,285:000$000 Reis, s'élevant ensemble à 6,032:579$028 Reis; mais comme en 1885-86 le le déficit du budget ordinaire, bien que porté à 6,293:549$812 Reis, s'éleva après rectification, à 8,964:346$602 Reis, nous avions raison de craindre que le même fait ne se représentât en 1886-87, et il y avait des motifs suffisants pour une telle crainte, dans ce simple fait que le déficit colonial ne figurait dans le budget de l'empire que pour 500:000$000 Reis, tandis que, selon toute probabilité, il ne pouvait pas être au-dessous de 1,200:000$000 Reis, et qu'il n'existait pas de provisions suffisantes pour continuer les armements. La partie intérieure de la dette flottante, au 28 février, s'élevait à 5,103:900$000 Reis, passible d'intérêts à 6 ou 6 1/2 0/0, la partie extérieure était de 7,064:852$185 Reis avec une charge, pour nous, de plus de 7.07 pour cent pour les intérêts et, en fait, la dernière avait non seulement absorbé mais même dépassé les crédits ouverts par le contrat du 9 mai 1879.

La cote de nos fonds, à Londres, était de 45 1/4 et à Lisbonne de 46-20. Mon illustre prédécesseur, en présence d'une pareille situation, insistait sur la nécessité d'augmenter les recettes et de réduire les dépenses, et, par ce moyen, de raffermir notre crédit. Ainsi, le pays voulait une fois de plus témoigner de son activité, de son intelligence et de ses persévérants efforts pour avancer rapidement dans la voie du progrès, tout en remplissant, avec une honnêteté exemplaire, les obligations financières qu'il avait contractées jusqu'ici. Néanmoins, les taxes proposées, qu'il avait soumises à l'examen du Parlement, et qui, autant par leur nombre que par leur nature, ne paraissaient pas devoir obtenir l'approbation générale, répandirent, parmi nous-mêmes et parmi les nations étrangères, l'alarme d'une crise intense, en songeant que l'idée en était venue à un esprit si élevé et à une âme si forte.

Et maintenant, si le corps législatif a la bonté de concéder et d'approuver les propositions que j'ai l'honneur de lui soumettre, le déficit ordinaire disparaîtra de notre Budget, et les dépenses extraordinaires n'excéderont pas 2,200:000$000 Reis, pour lesquels seulement nous aurons à recourir au crédit pour 1,200 *contos*.

J'ai assuré de bonnes conditions au contrat de l'emprunt. Son émission rencontra les plus brillants succès sur les principaux marchés du monde. La dette flottante extérieure était éteinte et l'intérieure est réduite à 7,784:800$000 Reis, avec une charge de 4 0/0 d'intérêts, et 3,659:704$380 Reis remboursables à long terme, avec l'intérêt légal de 5 0/0. La cote des fonds portugais s'est élevée à 55 1/2 et 55 5/8 à Londres; à Lisbonne, elle est de 53.90 0/0 et le pays est bien pourvu de capital, ainsi que le prouvent tous les faits économiques.

J'admets franchement que ces faits, ce rapide changement dans les affaires du pays et la situation actuelle du Trésor doivent être attribués aux faveurs de la Fortune; mais, malgré plusieurs erreurs de mon intelligence et non de ma volonté, la conscience me dit que j'ai fait, pour ma part, les efforts les plus énergiques pour mettre ces faveurs à profit.

Il reste maintenant à votre sagesse et à votre dévouement patriotique le soin de perfectionner et de consolider l'œuvre dont je viens de vous présenter une simple ébauche.

Signé : MARIANNO CYRILLO DE CARVALHO.

Ministère des Finances.
9 avril 1887.

IMPRIMERIE CHAIX, RUE BERGÈRE, 20, PARIS. — 10594-7.

www.ingramcontent.com/pod-product-compliance
Ingram Content Group UK Ltd.
Pitfield, Milton Keynes, MK11 3LW, UK
UKHW031933260826
14628UKWH00004B/1594

9 782329 341392